Dr. Walther Thiede
Wasservögel und Strandvögel

Arten der Küsten und Feuchtgebiete

BLV

Die Deutsche Bibliothek –
CIP-Einheitsaufnahme

Wasservögel und Strandvögel :
Arten der Küsten und Feuchtgebiete /
Walther Thiede. – 5., durchges. Aufl. –
München ; Wien ; Zürich : BLV, 1997
   (BLV-Naturführer)
   ISBN 3-405-15109-0

BLV Verlagsgesellschaft mbH
München Wien Zürich
80797 München

5., durchgesehene Auflage, Neuausgabe

BLV Naturführer

Das Werk einschließlich aller seiner Teile ist urheberrechtlich geschützt. Jede Verwertung außerhalb der engen Grenzen des Urheberrechtsgesetzes ist ohne Zustimmung des Verlags unzulässig und strafbar. Das gilt insbesondere für Vervielfältigungen, Übersetzungen, Mikroverfilmungen und die Einspeicherung und Verarbeitung in elektronischen Systemen.

© 1997 BLV Verlagsgesellschaft mbH, München

Lektorat: Dr. Friedrich Kögel
Umschlagentwurf: Studio Schübel, München
Satz und Druck: Appl, Wemding
Bindung: Auer, Donauwörth

Gedruckt auf chlorfrei gebleichtem Papier

Printed in Germany · ISBN 3-405-15109-0

Bildnachweis

Böhme: 81 u
Danegger: 47 u, 67 o, 99 o
Diedrich: 41 o, 59 u, 61 o, 95 or, 97 o, 125 u
Garve: 105 ul
Gejl/Biofoto: 107 u
Génsbøl/Biofoto: 15 o
Glader: 27 u, 33 o
Großmann: 75 ur, 77 o, 85 u, 111 ur
Gruber: 13 u
Haarhaus: 15 u, 61 u, 65 u, 83 o
Halberg/Biofoto: 121 u
Humperdinck: 31 or
Jorek: 101 o
Laub: 43 u, 125 o
Layer: 35 u, 63 o
Limbrunner: 29 ol, 31 u, 49 u, 51 o, 55 u, 85 o, 89 o, 93 u, 113 o
Moosrainer: 115 o
Munsterman: 75 o
Pforr: 47 o, 89 u, 93 o
Plucinski: 23 u, 71 u, 73 u, 79 o, 87 o, 95 u
Pölking: 123 o
Pott: 21 o, 27 o, 35 o, 37 o, 45 o, 59 o, 67 u, 107 o, 111 o, 111 ul
Pretscher: 7
Quedens: 8, 37 u, 51 u, 53 u, 57 o, 57 u, 75 ul, 79 u, 119 o
Rinnhofer: 91 o
Schack-Nielsen: 119 u
Schmidt: 53 o, 87 u
Siedel: 49 o
Storsberg: 17 u, 55 ol, 55 or, 101 u
Thiede: 103 u
Trötschel: 17 o, 19 u, 33 u, 39 u, 43 o, 65 o, 69 u, 77 u, 91 u
Wernicke: 1 r, 13 o, 21 u, 39 o, 45 u, 63 u, 71 o, 81 o, 83 u, 95 ol, 97 u, 103 o, 105 ol, 109 o, 117 u, 121 o, 123 u
Wothe: 29 or, 31 ol, 105 ur, 113 o
Zeininger: 19 o, 23 o, 25 o, 25 u, 29 ur, 41 o, 69 o, 73 o, 99 u, 105 or, 109 u, 115 u, 117 o
Ziesler/Angermayer: 2/3
Zmölnig: 29 ul

Fotos auf dem Umschlag:
Zeininger (Haubentaucher, Vorderseite);
Pott (Graugans, Rückseite)

Zeichnungen: Barbara von Damnitz;
S. 100 unten und S. 108 unten: Marlene Gemke

Einführung

Vögel ziehen uns Menschen magisch an, ihre Schönheit, Beweglichkeit und Vielfalt weckt in uns das Verlangen, sie kennenzulernen. Dieser zweite Band, nun »Vögel der Küsten und Feuchtgebiete«, soll dem Leser die Scheu vor der Beschäftigung mit Strand- und Wasservögeln nehmen, eine Scheu, die nur zu verständlich ist, wenn man weiß, welch überwältigenden Eindruck die verwirrende Vielfalt dieser Vogelwelt macht. Die durch die Anpassung an ihre Umwelt bedingte Gleichheit in Farbenart und Farbenverteilung bei Schnepfenvögeln, Möwen und Seeschwalben verlangt viel vom Beobachter. Er muß differenzieren lernen, den Blick für das Wesentliche schulen und äußerst selbstkritisch sein. Wie beglückend ist es dann aber auch, Schritt für Schritt voranzukommen, mit der Zeit nicht nur die Arten unterscheiden zu lernen, sondern auch ihre unterschiedlichen Kleider, und dadurch den ständigen Rhythmus des Lebens mitzuerleben. Bald weiß er dann, daß es Brutkleider, Ruhekleider, Jugendkleider aller Altersklassen, dazu noch Weibchen- und Männchenkleider und selbst bei all diesen Kleidern noch Übergänge gibt. Denn der Vogel wechselt sein Federkleid ja nicht abrupt, sondern mausert Schritt für Schritt nach ererbtem Schema.

Auch in diesem Buch folgen wir dem bewährten System, die wirklich seltenen Arten auszulassen. Wir können auch nicht jedes Kleid bringen; wir versuchen uns auf die wesentlichen Kleider zu beschränken und auf jene, die im mitteleuropäischen Raum überwiegend zur Beobachtung kommen. Nur leicht abweichende Kleider werden lediglich beschrieben. Inhalt und Auswahl der Bilder sollen den interessierten Laien ansprechen. Aber auch der routinierte Fachmann wird dieses Büchlein mitnehmen; denn jede zusätzliche Abbildung und Erläuterung erleichtert das Bestimmen. Noch wesentlich mehr als im Binnenland narren uns nämlich Sicht, Wetter, Sonnenrichtung, Helligkeit, Entfernung und das Fehlen von Bezugs- und Vergleichspunkten in der unendlichen Weite des Meeres, des Watts oder der Marschwiesen.

Lassen Sie sich Zeit beim Bestimmen »Ihrer« Wasser- und Watvögel. Legen Sie sich ins Gras des Strandes, in eine windgeschützte Dünenfurche und tun Sie nichts anderes als Schauen; hängen Sie Ihren Gedanken nach, betrachten Sie Ihre Beschäftigung mit den Vögeln im Brandungssaum und auf dem Meer vor Ihnen nicht als Pflicht, als Anreiz zu Rekordbeobachtungen, sondern als Erholung vom lauten Treiben des Alltags, der uns alle gefangenhält, als wahre Ferien, als Rückbesinnung auch auf glückliche Kindertage, wo Sie stunden- und tagelang träumend im Grase lagen und in den Himmel schauten und dabei doch mehr reiften als in vielen Klassenstunden.

Tauchen Sie ein in das Erlebnis der Natur. Je intensiver und lockerer zugleich Sie sich mit ihr beschäftigen, um so freier werden Sie von den Sorgen und den Trivialitäten unserer hektischen Konsumgesellschaft.

Was sind Strand- und Wasservögel?

Es sind Vögel, deren Leben sich ausschließlich oder zu einem entscheidenden Teil des Jahres auf dem Wasser oder an Stränden größerer Süß- und Salzgewässer abspielt. Es gehören daher Enten und Möwen hierher, Seeschwalben und Reiher, Kormorane und Taucher. Ebenso wie die zahlreichen Schnepfenvögel, die ausgesprochene Strand- und Weichbodenvögel sind, sind sie alle auf unterschiedlichste Art an das Leben in und am Wasser angepaßt; etwa durch Schwimmhäute zwischen den Zehen, durch anatomische Versetzung und Umformung der hinteren Extremitäten zu Paddeln, durch lange Beine für das Waten, durch lange, hochsensible Schnäbel fürs Stochern im Schlick, durch kurze, runde Flügel für die Unterwasserjagd oder durch lange, breite Flügel für stunden- und tagelanges Segeln über den Wellen. Ihr Lebensbereich, ihre Heimat ist das Wasser und der Strand, so unterschiedlich auch ihre spezielle Einpassung und Anpassung ist.

Ganz konsequent sind wir hier aber nicht, denn wir haben 2 Arten weggelassen, die auf ihre ganz spezielle Art an das Wasser angepaßt sind: den Fischadler und den Seeadler. Trotz ihrer Beutespezialisierung sind sie aber typische Greifvögel geblieben, und ihre Anpassung an das Wasser tritt daran gemessen weitgehend in den Hintergrund. Auch jene Wasservögel von Bächen und schmalen Flüssen des Binnenlandes, die bereits im 1. Band gebührend berücksichtigt wurden, sind nicht noch einmal aufgeführt. Es sind dies die Wasseramsel und die Gebirgsstelze. Auch der Weißstorch wurde ausführlich in Band 1 behandelt, und schließlich gehören auch die Rohrsänger, die zwar an das Leben am Rand der Wasserfläche – dem Rohrstreifen – angepaßt sind, als Singvögel in den 1. Band.

Feuchtgebiete und Binnengewässer, Nord- und Ostsee sind die Regionen für Sie, wenn Sie die Vögel dieses Buches kennenlernen wollen. Während der Zugzeiten bieten vor allem die Watten der Nordsee unvergeßliche Erlebnisse: Hier konzentrieren sich Abertausende von Strand- und Wasservögeln, und von manchen Arten sind zu gewissen Zeiten fast die gesamten Bestände, die es von ihnen auf der Welt gibt, dort versammelt.

Das unterstreicht die Bedeutung des Wattenmeeres und unserer Küsten, das weist aber auch auf die hohe Verantwortung hin, die wir für ihren Schutz und Erhalt tragen.

Vom Vogelbeobachten

Der Leser sei auf die allgemeinen Ausführungen im ersten Band »Vögel« verwiesen. Hier soll er Tips bekommen, die das Beobachten in den weiten Räumen der Küste, des Meeres und des Watts betreffen.

Unsere Augen sehen nur einen Teil dieser Welt, und unsere Augen sehen darüber hinaus diesen Teilausschnitt der Welt anders als andere Lebewesen. Blicken wir z. B. geradeaus, so umfassen wir beidseitig einen Winkel von jeweils $90°$, Greifvögel aber einen von $180°$; sie sehen dazu die Objekte noch vergrößert. Ein Schnepfenvogel hat eine umfassen-

Stillgewässer mit breitem Röhrichtgürtel sind ideale Brut- und Rastplätze für zahlreiche Wasservögel.

de Sicht von beidseitig etwas über 180° und sieht daher auch das, was hinter ihm ist – dazu gestochen scharf – ohne die Augen bewegen zu müssen. Auch die Dohle kann das. Die Strandvögel sehen den Beobachter viel eher als umgekehrt und auch dann, wenn sie ihm den Rücken zukehren. Auch Helligkeit und Farben, Sehschärfe und Reaktionsgeschwindigkeit der Augen sind beim Menschen und den einzelnen Vogelgruppen unterschiedlich. Vogelaugen leisten mehr und sind schneller.

Enorm wichtig ist bei Vögeln das Richtungserkennen mittels Gehör. Hier sind sie wesentlich besser und vor allem schneller als wir.

Für uns bedeutet das, daß wir draußen in der offenen Weite der Landschaften, in denen unsere Strand- und Wasservögel leben, auf deren Können, Reaktionen und Gewohnheiten noch mehr eingehen müssen als wir das schon bei Landvögeln tun. Wir müssen lernen, die Hilfsmittel, die die Natur uns bietet, mit Bedacht zu nutzen:

- Bei auflaufendem Wasser (hereinkommender Flut) sollten Sie beispielsweise schon gut getarnt auf dem Trockenen in Stellung liegen und die Vögel auf sich zukommen lassen. Da ihr Bewegungsraum bei Flut immer enger wird, kommen sie uns nicht nur ständig näher, sondern verdichten sich auch und werden immer mehr. Sie brauchen nur zu warten.
- Stürmisches Wetter ist zum Beobachten von Wasservögeln gar nicht schlecht. Sie halten sich dichter an der Küste, bevorzugen ruhigere Buchten und Hafenbecken. Ein Sturm konzentriert die Strandvögel noch stärker am Landsaum als die Flut. Bei solchem Wetter sollten Sie draußen sein!
- Die Sonne darf uns nie blenden: Sie sehen gegen die Sonne keine

Das Wattenmeer mit seinem überreichen Nahrungsangebot ist ein bedeutendes Überwinterungsgebiet und wichtigste Zwischenstation zum Wiederaufbau der Fettreserven bei Weitstreckenziehern.

Farben, alles wirkt einheitlich dunkel. Wir schauen daher mit der Sonne.
- Wir bewegen uns zügig, aber ohne Hast. Wir gehen hintereinander und nicht in breiter Kette. Wir vermeiden ruckartige Bewegungen unserer Arme. Besser sich durch Rufen verständigen als mit Gesten.
- Wir halten uns, wenn wir aus dem Land direkt die Uferlinie erreichen wollen, ständig so, daß uns keiner der Vögel von dort aus sehen kann. Es ist überflüssig, ständig Ausschau zu halten, ob sie noch da sind.
- Wir halten Distanz und vermeiden das Auffliegen der Vögel vor uns so lange und so weit wie möglich. Wir bestimmen die Vögel schon beim Stehen und Laufen, nicht erst, wenn sie in der Luft sind. Denn die Zeit, die beim Hochfliegen und Abfliegen der Vögel zum Bestimmen bleibt, ist nahezu immer zu kurz. Es ist jammerschade, welche Gelegenheiten dabei zum Bestimmen und Beobachten oft verlorengehen.

Gerade Strandvögel neigen dazu, vor einem ruhigen und langsam herankommenden Beobachter zu Fuß und erst dann fliegend auszuweichen, wenn sie allzu weit von ihrem ursprünglichen Platz weggeraten sind. Sehr oft fliegen sie dann in einem Bogen über das Wasser zurück zum Ausgangspunkt.

Das Bestimmen

Über das hinaus, was dazu schon im ersten Band »Vögel« gesagt wurde, gibt es zu beachten, daß die Weite und relative Einförmigkeit dieser Landschaften folgende Fehlerquellen zusätzlich beinhalten:

Kontrastverstärkung Vor einer schwarzen Gewitterfront etwa werden auf dem Watt Farben dunkler und Vögel größer; eine graurückige Silbermöwe wird so womöglich zur schwarzrückigen Mantelmöwe.

Unterschätzen der Entfernungen Mit zunehmender Entfernung verschwimmen die Kennzeichen oder nähern sich einander an. Solche weiter entfernten Vögel sollte man nur bis zur erkennbaren Gruppe, z.B. Möwe, Tauchente, Seetaucher bestimmen, nicht aber bis zur Art.

Verschätzen der Größe Da meist Bezugs- und Vergleichsmöglichkeiten fehlen, werden die Größe über- und Formen verschätzt. Die Vögel sind meist kleiner als man denkt.

Unterschätzen der Zahlen Dies geschieht aus zwei Gründen: Auf bewegtem Wasser sieht man gleichzeitig nur jene schwimmenden Vögel, die sich auf dem Wellenberg befinden oder von dem Wellenberg gerade emporgehoben werden. Ist ein Ententrupp z.B. darüber hinaus sehr lang ausgezogen, so wird es auch schwer, den prozentualen Anteil etwa von Weibchen und Männchen festzustellen. Bei aktiven Tauchenten ist zudem ein erheblicher Teil ständig unter Wasser.

Sind die Vögel in großer Zahl dicht gepackt, so ist unser Auge nicht in der Lage sie zu zählen. Es ist dann sinnvoll, einen kleinen Ausschnitt dieser Masse genau zu zählen und dann abzuschätzen, wieviel mal ihn die Gesamtfläche bzw. der fliegende Schwarm enthält.

Blendung Nicht nur die Sonne, auch Wasser blendet. Vögel in der Blendungszone kann man nicht bestimmen! Auch muß man bei intensivem Beobachten auf dem Wasser die Augen schonen. Bekommt man dennoch Kopfschmerzen, sollte man das Beobachten sofort unterbrechen und eine gute halbe Stunde ausruhen. Es hat keinen Sinn, die Augen zu überanstrengen.

Allzu starke Helligkeit bzw. Dunkelheit Sie verändern die Farben, Dunkelheit auch Größe und Formen. Reicht das Licht nicht mehr zum Beobachten aus, genügt es, wenn man sich in der Abenddämmerung an den Bewegungen, den geheimnisvollen Stimmen und an der Stimmung erfreut.

Übrigens: Es ist keine Schande, einen Küsten- oder Seevogel nicht bestimmen zu können. Das passiert auch Experten.

Die Hilfsmittel

Bestimmungsbücher Wer tiefer in die Materie eindringen möchte, sollte über die zwei, drei guten Vogelbestimmungsbücher hinaus, die er sowieso ständig mitführt, Speziallitteratur mitnehmen. Zwei seien genannt, auch wenn es sie nur in Englisch gibt:

FJELDSÅ, J. (1977): Guide to the young of European precocial birds. Tisvilde (Skarv Naturverlag), 284 S., 39 Farbtafeln.

HAYMAN, P.; J. MARCHANT & T. PRATER (1986): Shorebirds. An identification guide to the waders of the world. London (Christopher Helm), 412 S., 88 Farbtafeln.

Das Fernglas Schwimmende Vögel halten sich meist weiter vom Land entfernt als man annimmt. Das lichtstarke Universalglas 7×35 reicht dann nicht aus. Hier benötigt man das Teleskop, das 20- bis 50-fache Vergrößerung bringt. Bei Ornithologen hat sich weltweit das Kowa-Teleskop durchgesetzt. Es muß auf ein kräftiges Stativ montiert werden, da sonst die Schwingungen jegliches Beobachten verhindern. Man trägt es am besten montiert auf der Schulter. Mit ihm ist es möglich, in aller Ruhe das Wasser abzusuchen und die Vögel ausdauernd zu beobachten. Ja, man sollte auch eine schein-

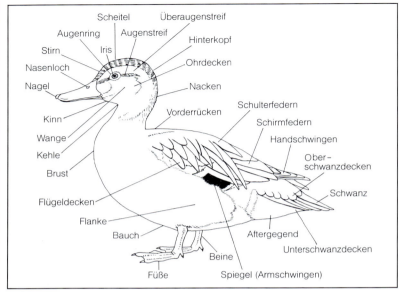

Gefiederteile einer Ente.

bar leere See mit dem Teleskop, etwa mit 20-facher Vergrößerung, absuchen. Es ist erstaunlich, was man dann alles sieht.

Auch hier gilt, daß man, was man sieht, sofort aufschreiben muß. Ist man zu zweit, ruft man seine Beobachtungen dem Zweiten zu, der sie aufschreibt. So verliert man nicht die Übersicht, etwa beim Auszählen eines ganzen Entenschwarms oder einer Möwengruppe.

Die Kleidung An Küste und Seen unterschätzt man leicht die Kraft des Windes; Erkältung und Unterkühlung sind die Folgen. Man ziehe sich daher wärmer an als man eigentlich vorhat. Baumwolle und Wolle sind am besten, darüber ein gut imprägnierter Anorak. Eine Kopfbedeckung ist wegen der starken Strahlung notwendig, auch bei bedecktem Himmel. Etwas zu Trinken und Essen sollte man immer mithaben.

Man wandere nicht nur nach Karte, sondern auch nach der Uhr: ist die halbe Zeit herum, sollte man unbedingt den Rückmarsch antreten. An der Küste täuschen leicht die Entfernungen. Man unterschätzt die Gefahren dieser Naturlandschaften. Unwetter brechen hier ebenso elementar herein wie in den Bergen. Daher die Ratschläge und Warnungen der Einheimischen genau beachten!

Gefährdung der Vögel

Bedrohte Arten werden in »Roten Listen« verzeichnet. Diese sollen Behörden und Naturschützern als Arbeits- und Argumentationsgrundlage dienen. Bei den in diesem Buch beschriebenen Brutvögeln wurde im Text jeweils erwähnt, wenn sie in die »Rote Liste der Brutvögel Deutschlands (2. Fassung, Stand 1. 6. 1996)« aufgenommen sind. Die Arten werden dort in die Kategorien »Vorwarnliste«, »gefährdet«, »stark gefährdet«, »vom Aussterben bedroht«, »ausgestorben oder verschollen« eingeteilt, die einen steigenden Grad der Gefährdung widerspiegeln. Darüber hinaus sind alle Kleinstbestände in Deutschland (1–60 Brutpaare) oder wegen ihrer Beschränkung auf Helgoland (Dreizehenmöwe, Trottellumme) als örtlich gefährdet einzustufen.

Texterläuterungen

Symbole und Abkürzungen:

1. ♂ (Mars) = Männchen;
   ♀ (Venus) = Weibchen.
2. ad. = adultus, Erwachsener;
   juv. = juvenil, Jungvogel;
   WK = Winterkleid;
   SK = Sommerkleid.
3. Um einen kurzen Überblick über das Zugverhalten der besprochenen Arten zu geben, steht am Ende des Abschnitts »Vorkommen«, ob und wie der Vogel zieht. Die Abkürzungen bedeuten:
   - Z Zugvögel. Arten, die vollständig zur Winterszeit wegziehen. Liegt ihr Winterquartier in West- oder Südeuropa bis Nordafrika, werden keine Angaben hinzugefügt. Liegen sie südlich der Sahara oder in Südasien, werden sie nach dem neuesten Stand unseres Wissens angegeben.
   - Tz Teilzieher. Arten, bei denen die heimischen Populationen im Winterhalbjahr zum großen Teil wegziehen, ein Teil aber hierbleibt.
   - JZ Zugvögel, bei denen die heimischen Populationen zum Teil oder ganz wegziehen, dann aber in Mitteleuropa durch nördliche und/oder östliche Populationen im Winter ersetzt werden. Diese Arten können daher bei uns ganzjährig gesehen werden.
   - St Standvögel. Ziehen normalerweise nicht weg.
   - W Wintergäste. Zugvögel, die aus anderen, normalerweise kälteren Gegenden zu uns kommen und überwintern.
   - Dz Durchzügler.
   - G Gastvögel, mit denen alljährlich zu rechnen ist, die z.B. bei uns übersommern.
   - IV Invasionsvögel. Plötzlich in großer Zahl in Mitteleuropa erscheinend. Meistens Folge vorausgehender Überbevölkerung mit plötzlich eintretendem Nahrungsmangel in ihrer Heimat, etwa durch Ausfall ihrer Hauptnahrung.
4. Zahlen geben den Monat an (bei Kleidern ungefähre Zeit, in der der Vogel dieses Kleid trägt), z.B. »DZ (IX–V)« = Durchzügler anwesend von September bis Mai.

Zur Fortpflanzung:

Falls eine Brut pro Jahr die Regel ist, wird es im Text nicht erwähnt. Bei diesen Arten kommt es nur bei Gelegeverlust zu Nachgelegen.

Angaben zur Geschlechtsreife werden nur bei jenen Arten gemacht, bei denen sie nicht im 2. Kalenderjahr, sondern später eintritt. Saisonehe bedeutet eine nur für eine Brutperiode geschlossene Ehe.

Sterntaucher
Gavia stellata

(Foto: Brutkleid)

Schlichtkleid

Die in den Tundren und den Seen der Nadelwaldzone der Nordhalbkugel brütenden Seetaucher (Familie Gaviidae) sind außerhalb der Brutzeit Hochseebewohner. Der torpedoförmige Körper, die paddelartigen, ganz hinten sitzenden Beine und der kurze Schwanz sowie das harte, dichte Gefieder sind ideale Anpassungen an die Unterwasserjagd auf den Meeren. An Land sind sie recht hilflos und robben auf dem Bauch. 4 Arten. **Merkmale:** Artkennzeichnend ist der schlanke, aufgeworfene, dunkle Schnabel. Im Brutkleid mit grauem Kopf und grauen Halsseiten, schwarz-weiß längsgestreiftem Hinterhals, rotem Kehlschild. Rücken kontrastlos dunkel schieferfarben. Im Schlichtkleid wie Prachttaucher, aber ohne weißen Heckfleck, und der dunkelbraune Rücken mit weißen Sternchen übersät. Das Auge liegt meist im Weißen (s. Grafik). **Verwechslung:** Im Schlichtkleid mit den anderen Arten; mit Prachttaucher im Brutkleid, da das rote Halsschild schwarz wirken kann. **Vorkommen:** Nordeuropa, Schottland. Bei uns Dz, W (IX–V); besonders an Küsten. **Nahrung:** Fische, die er unter Wasser (in 2–9 m Tiefe) jagt. **Fortpflanzung:** Dauerehe. Nest am Gewässerrand, evtl. kolonieweise. Gelege mit 2 Eiern. Brutdauer 26–28 Tage. Führungszeit 6–7 Wochen, Familienzusammenhalt länger.

Prachttaucher
Gavia arctica

(Foto: Brutkleid)

Schlichtkleid

Merkmale: Im Brutkleid schwarz-weiß längsgestreifte Halsseiten, hellgrauer Kopf und schwarzes Kehlschild. Oberseits schwarz-weißes Schachmuster. Im Schlichtkleid (s. Grafik) oberseits einfarbig dunkel graubraun, unterseits weiß; scharfe Trennungslinie durch das Auge und entlang der Halsseiten. Der große weiße Seitenfleck am Hinterkörper ist artkennzeichnend. Schnabel gerade, dunkel. **Verwechslung:** Im Schlichtkleid mit den anderen Arten, aber diese nie mit scharfer Dunkel-Hell-Trennung durchs Auge; mit Sterntaucher im Brutkleid; mit dem Eistaucher, der im Brutkleid schwarzen Kopf und Hals und gestreiftes Halsband hat und im Schlichtkleid ein weißes Teilhalsband zeigt. **Vorkommen:** Nordeuropa, Schottland. Bei uns Dz, W (IX–V); Küste. **Nahrung:** Fische, Krebse und Mollusken (aus 3–6 m Tiefe). **Fortpflanzung:** Dauerehe. Nest auf Inselchen oder am Rande von tiefen, klaren Seen. 2 Eier. Brutdauer 28–30 Tage. Führungszeit beider Eltern gut 2 Monate.

Eistaucher
Gavia immer

(Foto: Brutkleid)

Schlichtkleid

Merkmale: Gänsegroß; mit keilförmigem, schwarzem Schnabel. Im Brutkleid Kopf und Hals schwarz, mit einem weiß gefensterten Querband auf Kehle und Halsseiten. Oberseite schwarz mit weißem Schachbrettmuster. Im Schlichtkleid (s. Grafik) Oberseite dunkel graubraun und schuppig, Unterseite schmutzigweiß; kantige Schädelsilhouette; Auge vom dunkel braunschwarzen Oberkopf eingeschlossen, mit weißem Ring. Ein weißer Keil ragt in den braunschwarzen Hinterhals. Schnabel hellgrau, mit dunklem First. **Verwechslung:** Mit dem Irrgast Gelbschnabel-Eistaucher, *Gavia adamsii;* dieser jedoch mit gelblichweißem bis gelbem Schnabel; im Schlichtkleid ohne scharfen weißen Halsseitenkeil; Schnabelfirst hell; der Unterschnabel im Vorderteil hochgezogen, nicht gerade; das Auge ohne hellen Augenring und meist im hellen Kopfgefieder. **Vorkommen:** Island, Grönland, Nordamerika. Bei uns regelmäßig küstennah auf der Nordsee überwinternd. **Nahrung:** Fische, Krebse, Muscheln. Jagt in 4–10 m Tiefe. **Fortpflanzung:** Dauerehe. Nest am Gewässerrand. Gelege mit 2 Eiern. Brutdauer 24–25 Tage. Führungszeit 10–11 Wochen. Familienzusammenhalt mitunter länger.

Haubentaucher
Podiceps cristatus

(Foto: Brutkleid)

Schlichtkleid

Der Haubentaucher ist der häufigste von 5 in Mitteleuropa lebenden Lappentauchern. Sie alle leben auf und im Wasser und sind durch torpedoartigen Körperbau, am Steiß als Ruder ansetzenden Beinen, spitzen Schnäbeln und extrem kurzen Schwanz hervorragend an ihre Lebensweise, die Unterwasserjagd, angepaßt. Süßwasserbewohner. **Merkmale:** Im Brutkleid leicht kenntlich an der rotbraun-schwarzen Halskrause. Im grauweißen Schlichtkleid (s. Grafik) sind rosafarbener Schnabel und der weiße Überaugenstreif die Unterscheidungsmerkmale zum Rothalstaucher. **Vorkommen:** Auf größeren stehenden Gewässern. In Deutschland bis zu 29 000 Brutpaare, in Österreich 1000. Während des Zuges und im Winter auch an der Küste und auf fließenden Gewässern. St. **Nahrung:** Vorwiegend Fische, Wasserinsekten und deren Larven, Krebse, Kaulquappen. **Fortpflanzung:** Saisonehe. Das Nest steht am Gewässerrand bevorzugt in Rohrkolben, *Typha;* Schwimmnest. Gelege meist 4 Eier. Brutdauer 25–29 Tage. Die Nestflüchter werden 10–11 Wochen von ihren Eltern geführt; die Eltern teilen sich die Jungenzahl auf.

Rothalstaucher
Podiceps griseigena

(Foto: Brutkleid)

Schlichtkleid

Merkmale: Im Brutkleid kontrastiert das weißgraue Gesicht mit dem tiefen Braunrot des Halses. Der schwarze Scheitel erreicht das braunrote Auge. Im grau und weißen Schlichtkleid (s. Grafik) sind der dunkle Schnabel mit variabler gelber Basis und das Fehlen eines weißen Überaugenstreifs sowie die düstere Augenpartie artkennzeichnend. Juv. dunkler, Auge braun. **Verwechslung:** Im Schlichtkleid mit Haubentaucher, doch dessen Augen liegen immer frei im weißen Gesicht; die anderen Lappentaucher sind deutlich kleiner, haben andere Kopfform und kürzere Schnäbel. **Vorkommen:** Liebt flache, verlandende Seen und Teiche der Ebenen. Brutvogel in Norddeutschland und Sachsen mit bis zu 1340 Paaren. Im Winter gerne an den Küsten. JZ. **Nahrung:** Vorwiegend Fische, Krebse, Wasserinsekten. **Fortpflanzung:** Saisonehe. Nest freistehend oder auch zwischen Wasserpflanzen versteckt. Meist 4–5 Eier. Brutdauer 22–23 Tage. Führungszeit 8–10 Wochen, meist durch beide Eltern. 1–2 Bruten. Auf der Vorwarnliste.

Ohrentaucher
Podiceps auritus

(Foto: Brutkleid)

Schlichtkleid

Merkmale: Ein kleiner, flachstirniger, hübscher Taucher mit schwarzem, buschigem Kopf, breitem, goldgelbem Augenstreif und Federohren sowie rostrotem Hals. Im Schlichtkleid (s. Grafik) oberseits dunkelgrau, sonst weiß. Die schwarze Kopfplatte nicht bis unters Auge reichend; vor dem Auge ein heller Fleck. Schnabel kurz und gerade. **Verwechslung:** Im Brutkleid mit Schwarzhalstaucher. Im Schlichtkleid mit Rothalstaucher, der aber doppelt so groß ist; mit Schwarzhalstaucher, dieser aber mit aufwärts gebogenem Schnabel und hoher Stirn. **Vorkommen:** Auf seichten Seen der nordeuropäischen Nadelwaldzone, in Norwegen und Island auf offenen Seen. Im Winter Küsten bevorzugend. W. **Nahrung:** Insekten, Krebse, kleine Fische. **Fortpflanzung:** Saisonehe. Nest auf Unterbau aus Binsen- und Schilfhalmen, meistens in Wasserpflanzen. Oft Kolonien bildend. 3–6 Eier. Brutdauer 22–25 Tage. Führungszeit 6½ Wochen, nach 2 Wochen teilen sich die Eltern die Jungenschar.

Schwarzhalstaucher
Podiceps nigricollis

(Foto: Brutkleid)

Schlichtkleid

Merkmale: Ein kleiner Taucher mit im Brutkleid schwarzem Hals und goldgelben Federohren. Flanken kastanienbraun. Schnabel kurz, leicht aufwärts gebogen. Im Schlichtkleid (s. Grafik) wie andere Taucher oberseits grauschwarz und unterseits weiß, doch mit gleitendem Übergang von Schwarz nach Weiß auf den Kopfseiten. Schwarze Kopfplatte das rote Auge einschließend. **Verwechslung:** Mit Rothalstaucher; im Schlichtkleid Stirn, Schnabelform und Kopfseiten beachten (s. Grafiken). Jungvögel von jungen Ohrentauchern nicht trennbar, da Schnabel noch nicht voll ausgewachsen. **Vorkommen:** Gemäßigtes Eurasien, westl. Nordamerika, Südafrika. Vegetationsreiche, sehr flache Seen im Flachland. Im Winter auch an der Küste. Brutbestand in Deutschland 1000–1350 Paare, in den Niederlanden z. B. 250 Paare. Z. **Nahrung:** Insekten; auch Muscheln, Krebse. **Fortpflanzung:** Saisonehe, vielleicht mehrjährig. Eintritt der Geschlechtsreife evtl. erst nach 2 Jahren. Koloniebrüter. 2–5 Eier im Gelege. Brutdauer 20–21 Tage. Führungszeit der juv. etwa 4 Wochen, beide Eltern führen 1–2 Bruten (Schachtelbrut, die Jungen der ersten Brut werden dann von einem Elter geführt). Es werden »Kindergärten« gebildet. Auf der Vorwarnliste.

Zwergtaucher
Podiceps ruficollis

(Foto: Brutkleid)

Schlichtkleid

Merkmale: Unser kleinster Taucher. Ein rundes Federbällchen mit kurzem Hals und dickem Schnabel. Im Brutkleid oberseits dunkelbraun, unterseits heller graubraun; Wangen, Halsseiten und Kehle kastanienbraun. Artkennzeichnend der weißgelbliche Schabelwinkel. Im Schlichtkleid (s. Grafik) unauffällig; dunkelbraun oberseits, grauweiß unterseits; Wange, Hals, Körperseiten gelblichbraun, ohne weißen Schnabelwinkel. **Verwechslung:** Im Schlichtkleid mit Schwarzhalstaucher, doch Zwergtaucher mit geradem Schnabel (ad. mit weißer Spitze) und ohne Flügelbinde. **Vorkommen:** Gemäßigtes Europa, Afrika, Zentral-, Süd- und Ostasien. In Deutschland max. 8000 Paare. Auf Gewässern jeder Größe, wenn sie nur sehr flache und schlickige, an Wasserpflanzen reiche Partien haben. Während des Zuges und im Winter auf jedem wellenfreien Wasser. JZ. **Nahrung:** Insekten, Krebse, Kaulquappen, im Winter kleine Fische. **Fortpflanzung:** Wahrscheinlich lebenslange Einehe. Nest lediglich ein Haufen von Pflanzenteilen. Gelege 4–6 Eier. Brutzeit 20–21 Tage. Führungszeit 6–7 Wochen, beide Eltern führen. 2 Jahresbruten. Gefährdet.

Eissturmvogel
Fulmarus glacialis

Sturmvögel leben außerhalb der Brutzeit auf den Meeren. Sie haben röhrenförmige, verlängerte Nasen mit Ventil, brüten in Kolonien und legen 1 Ei. **Merkmale:** Ein großer, möwenartiger, weißer Vogel mit dickem Kopf und Hals, langen, brettartigen Flügeln und eigenartigem Schabel. Segelflieger ohne Schwingenschlag. Flügel oben einfarbig blaugrau, Bürzel und Schwanz hellgrau. An Land auf den Fersen gehend. **Verwechslung:** Mit großen Möwen, aber Röhrenschnabel unverwechselbar. Keine schwarzen Flügelspitzen. **Vorkommen:** Nordatlantik, Nordsee. Brütet auf Helgoland (40 Paare). **Nahrung:** Pelagisch: Krebse, Tintenfische, Fische. Abfall von der Meeresoberfläche aufsammelnd. **Fortpflanzung:** Dauerehe. Frühestens mit 6 Jahren geschlechtsreif. Koloniebrüter an Felsen, gelegentlich auf Gebäuden. Gelege 1 Ei. Brutdauer 49–53 Tage. Nestlingszeit 46–51 Tage.

Baßtölpel
Sula bassana

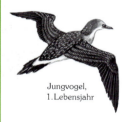
Jungvogel, 1. Lebensjahr

3. Lebensjahr

Tölpel (9 Arten) sind große, kräftige Hochseevögel, die im senkrechten Sturzflug nach Beute tauchen. Nasenlöcher zugewachsen. **Merkmale:** Starker, spitzer Dolchschnabel, Körper zigarrenförmig, Keilschwanz. Der Baßtölpel wird erst mit 5 Jahren geschlechtsreif und durchläuft 5 verschiedene Kleider. Erwachsene schneeweiß, mit schwarzen Handschwingen und -decken; Kopf, Hals rahmgelb, Auge hellgrau. Junge im 1. Jahr oberseits schieferbraun, weiß geperlt, unterseits weißlich (s. Grafik); im 2. Jahr Kopf, Hals und Unterseite weiß, oben schwarzbraun, am Bug aufhellend; im 3. Jahr oben braun-weiß gefleckt (s. Grafik); im 4. Jahr fast wie ad., noch wenige dunkle Rückenfedern, Armschwingen und innere Schwanzfedern. **Vorkommen:** Nordatlantik, Nordsee. Brütet auf Helgoland (bis 4 Paare). Überwintert vor der westafrikanischen Küste, wenige im Mittelmeer. **Nahrung:** Fische. **Fortpflanzung:** Lebenslange Einehe. Brütet in riesigen Kolonien auf den Kuppen hoher Felseninseln. Nest aus Tang. Gelege 1 Ei. Brutdauer 42–45 Tage. Nestlingszeit 3 Monate.

Kormoran
Phalacrocorax carbo

(Foto: Ruhekleid)

Brutkleid

Kormorane sind gewandte Unterwasserjäger, die mit den Füßen rudern und mit dem langen Schwanz steuern. Gefieder wasserdurchlässig, um besser tauchen zu können. Trocknen sich nach jeder Jagd (s. Foto). **Merkmale:** Im Brutkleid (I–V) glänzend schwarz mit bronzenem Metallschimmer, weißem Schenkelfleck und Schmuckfedern am Hinterkopf. Schmale, weiße Federn an Kopf und Hals. Kehle und Wange weiß (s. Grafik). Im Ruhekleid ohne Schmuckfedern, Schenkelfleck und weiße Federn; Kinn und Wange hellbraun. Jugendkleid schwarzbraun, weißbäuchig (sehr variabel); ältere juv. braunbäuchig. Nackte Kehle gelblich. **Verwechslung:** Mit Krähenscharbe, doch hat diese anderes Gesicht und feineren Schnabel. **Vorkommen:** Fast weltweit: Große Seen, Flüsse, an Küsten. In Deutschland 15 000 Brutpaare, davon rund 10 000 in Mecklenburg-Vorpommern; 20 000 in den Niederlanden, 38 000 in Dänemark; in der Schweiz nur Dz und W mit bis zu 8000 Vögeln. Expandiert in alle Himmelsrichtungen. Tz. **Nahrung:** Fische, teilweise Krebse. **Fortpflanzung:** Saisonehe. Nach 3 Jahren geschlechtsreif. Baumbrüter in Kolonien. Einfaches Knüppelnest mit 2–5 Eiern. Brutdauer 23–30 Tage. Nestlingszeit 7 Wochen.

Krähenscharbe
Phalacrocorax aristotelis

(Foto: Brutkleid)

Schlichtkleid

Merkmale: Ein kleinerer, schlanker Kormoran mit metallisch grün schimmerndem schwarzen Gefieder und feinem Schnabel. Im Brutkleid mit Häubchen, kein Weiß. Gelbe Schnabelbasis. Im Schlichtkleid stumpf, brauner, etwas Weiß im Kinn. Juv. dunkelbraun, Kinn weißlich. **Verwechslung:** Mit Kormoran, doch Gesicht und Schnabel anders (s. Grafik). Juv. nur am schwächeren Schnabel unterscheidbar sowie im 1. Jahr, wenn junge Kormorane weißbäuchig sind. Die jungen Krähenscharben des Mittelmeeres und des Schwarzen Meeres sind im Gegensatz dazu jedoch weißbäuchig und damit im Gefieder ununterscheidbar. **Vorkommen:** Felsenküsten Europas, Marokkos. Die großen Brutbestände finden sich in Großbritannien (etwa 38 500 Paare), Irland (8800 Paare) und Norwegen (um 15 000 Paare). Dz, selten. **Nahrung:** Meeresfische. **Fortpflanzung:** Einehe, evtl. lebenslang, aber bis zu 5 % Bigamie wenn Mangel an Brutplätzen herrscht. Geschlechtsreif im 3. oder 4. Jahr. Brütet in Kolonien auf Klippen und Felswänden. Tangnest mit 2–5 Eiern. Brutdauer 30–31 Tage. Nestlingszeit 7–8 Wochen.

Fischreiher, Graureiher
Ardea cinerea

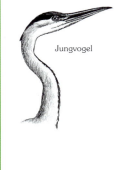
Jungvogel

Reiher sind langbeinige Stelzvögel mit s-förmig geknicktem Hals, lockerem Gefieder und dolchartigem Schnabel. **Merkmale:** Unser größter Reiher. Hellgrau und weiß mit schwarzen Abzeichen. Im Flug Hals s-förmig gekrümmt. Schnabel blaßgelb. Juv. mit schwärzlich-hornfarbenem Schnabel, grauem statt weißem Scheitel sowie ohne die beiden schwarzen Schmuckfedern im Nacken (s. Grafik). **Verwechslung:** Mit Purpurreiher. **Vorkommen:** Gemäßigtes Eurasien von Irland bis Japan. In Deutschland rund 24 000 Paare, Österreich rund 800 und Schweiz rund 1500. Seichte Uferzonen aller Gewässer von der Meeresküste bis zum Wassergraben. Im Spätsommer auf Feldern zur Mäusejagd. Tz. **Nahrung:** Schleich- und Ansitzjäger. Fische; daneben alles, was er bewältigen kann: Frösche, Schlangen, Mäuse, Insekten. Nicht wählerisch. **Fortpflanzung:** Saisonehe. Spätestens im 3. Lebensjahr geschlechtsreif. Koloniebrüter in hohen Waldbäumen. Horst mit 3–5 Eiern. Brutdauer 25–28 Tage. Nesthocker. Beide Eltern füttern Tag und Nacht. Juv. verlassen die Kolonie im Alter von 8–9 Wochen.

Purpurreiher
Ardea purpurea

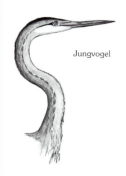
Jungvogel

Merkmale: Ein dunkelgrauer Reiher, Hals und Brust schokoladenbraun, Flanken und Bauch schwarz; Hals mit schwarzem Seitenstreif. Herabhängende Schmuckfedern rotbraun. Juv. braunrot, unten hellbraun (s. Grafik). Zweijährige ähnlich ad., mit rotbraun geränderten Flügeldecken, hellerer Unterseite. Im Flug hängt der Hals tiefer durch als beim Fischreiher, und die Füße wirken größer. Bei Gefahr nehmen juv. und ad. Pfahlstellung ein. **Verwechslung:** Mit Fischreiher. **Vorkommen:** Alte Welt. In großen Rohr- und Schilfdickichten; wärmeliebend, menschenscheu. In Mitteleuropa maximal 700 Brutpaare (davon in Deutschland maximal 20 Paare), in Frankreich 700 und in Südeuropa maximal 3500. Z; auf dem Zuge auch an offenen Gewässern. **Nahrung:** Ansitz- und Schleichjäger. Fische, Insekten, Wühlmäuse, Frösche, Schlangen. **Fortpflanzung:** Saisonehe, evtl. mehrjährig. Nest auf vorjährigem Schilf, niedrigen Weidenbüschen. Koloniebrüter. 4–5 Eier. Brutdauer 26 Tage. Nesthocker, die mit 7–8 Wochen flugfähig und mit 8–9 Wochen unabhängig werden.
Stark gefährdet.

Seidenreiher
Egretta garzetta

(Foto: Brutkleid)

Merkmale: Ein mittelgroßer, schneeweißer Reiher mit schwarzen Beinen und gelben, im Ruhekleid grünlichgelben Zehen. Der Schnabel ist schwarz. Im Brutkleid mit herrlichen Schmuckfedern am Hinterkopf und auf den Schultern. Juv. wie ad. im Ruhekleid. **Verwechslung:** Mit dem Silberreiher, doch dieser stets ohne gelbe Füße und nahezu immer mit gelbem Schnabel. **Vorkommen:** Alte Welt, Australien; wärmeliebend. Brutvogel Südeuropas, Ungarns (200 Paare), Frankreichs (10 000 Vögel). Liebt Reisfelder, Auenwälder. G. **Nahrung:** Fängt durch Herumlaufen und blitzschnelles seitliches Zupacken in seichtem, klarem Wasser (kaum Ansitzjäger) Wasserinsekten, Frösche, Krebse, kleine Fische (bis 15 cm), Eidechsen, Schnecken. **Fortpflanzung:** Einehe, wahrscheinlich jeweils für 1 Jahr. Koloniebrüter. Die Reisignester stehen bevorzugt auf Bäumen oder Gebüsch. Gelege 3–5 Eier. Brutdauer 21–22 Tage. Nestlingszeit 30 Tage, selbständig nach weiteren 2–3 Wochen.

Silberreiher
Ardea alba

(Foto: Brutkleid)

Merkmale: Ein großer, schneeweißer Reiher mit schwarzen Beinen und schwarzen Füßen. Lange Schmuckfedern im Brutkleid nur auf dem Rücken. Schnabel gelb, nur ganz kurz zu Anfang der Brutzeit schwarz mit gelber Wurzel. Dann auch Oberschenkel gelb. Juv. wie ad. Ruhekleid. **Verwechslung:** Mit dem Seidenreiher, der aber gelbe Zehen hat und wesentlich kleiner ist, außerdem im Brutkleid auch Schmuckfedern an Kopf und Hals zeigt und einen schwarzen Schnabel hat. **Vorkommen:** Weltweit. Brutvogel am Neusiedler See (Bestand schwankt zwischen 150 und 430 Paaren). Liebt warmes Kontinentalklima. Z. **Nahrung:** Ansitzjäger und Pirschjäger. Fischt in offenem Gelände auf überschwemmten Wiesen, an Gewässerrändern, auf Reisfeldern. Fische, weniger Insekten, Kleinsäuger. **Fortpflanzung:** Einehe, wahrscheinlich jeweils für nur 1 Jahr. Eintritt der Geschlechtsreife unbekannt. Einzel- und Koloniebrüter. Schilfhorst in großen Schilfwäldern. Gelege 3–5 Eier. Brutdauer 25–26 Tage. Nestlingszeit etwa 6 Wochen.

Rallenreiher
Ardeola ralloides

(Foto oben links: Brutkleid)

Flugbild

Merkmale: Nur krähengroß, gedrungen; ockergelb, Flügel weiß (s. Grafik: Flugbild!). Artkennzeichnend der im Brutkleid graublaue Schnabel mit schwarzer Spitze; im Ruhekleid grünlich, mit dunkler Spitze. Beine im Brutkleid rötlich, sonst hell olivgrün. Juv. wie Ruhekleid, mit Bruststreifen. **Verwechslung:** Mit Kuhreiher, der jedoch immer mit gelbem (oder rotem) Schnabel. **Vorkommen:** Brutvogel Afrikas, Südeuropas. Streifgast im Sommer. **Nahrung:** Dämmerungsaktiv; überwiegend Insekten; auch Frösche und kleine Fische bis 10 cm. **Fortpflanzung:** Saisonehe. Einzel- und Gruppenbrüter im Schilf oder auf Büschen in Sümpfen, vorwiegend in Gemeinschaft mit anderen Reihern. Gelege 4–6 Eier. Brutdauer 22–24 Tage. Nestlingszeit 32–35 Tage, selbständig nach 7 Wochen.

Kuhreiher
Bubulcus ibis

(Foto oben rechts)

Flugbild

Merkmale: Krähengroß, kurzhalsig und gedrungen. Weiß; ad. Oberkopf gelbrötlich. Schnabel, Auge gelb, Beine grünschwarz (s. auch Grafik: Flugbild!). Im sehr kurz getragenen Brutkleid Augen, Schnabel und Beine rot. Jugendkleid reinweiß. **Verwechslung:** Mit ad. Rallenreiher. **Vorkommen:** Weltweit, stark expandierend. Brutvogel Südwesteuropas und Frankreichs, expandierend. Streifgast. **Nahrung:** Insekten; zusätzlich andere Bodentiere. Gerne beim Vieh. **Fortpflanzung:** Saisonehe. Geschlechtsreif wohl mit 2 Jahren. Koloniebrüter auf Büschen, Bäumen, Schilf. 1–2 Bruten. Gelege 4–5 Eier. Brutdauer 22–26 Tage. Nestlingszeit 30 Tage, selbständig mit 7 Wochen.

Nachtreiher
Nycticorax nycticorax

(Foto unten links: juv., Foto unten rechts: ad.)

Merkmale: Ein kurzbeiniger, gedrungener Großreiher; Oberseite schwarz, Flügel und Schwanz aschgrau, Unterseite weiß. Lange, weiße Genickfedern; Auge rot; Schnabel kräftig, schwarzgrün; Beine gelb. Juv. ganz anders: braun mit weißen Flecken. **Verwechslung:** Im Flug mit Fischreiher, doch dieser mit s-förmig gekrümmtem Hals und weit überstehenden Beinen. **Vorkommen:** Nachtaktiv; tagsüber meist auf Bäumen. An dicht bewachsenen Flußufern und in Sumpfwildnis. Brutvogel Südeuropas, Frankreichs, der Niederlande und Bayerns (17 Paare), Österreichs (max. 20 Paare). Z. **Nahrung:** Frösche; auch Fische bis 40 cm, Insekten, Krebse, Egel. **Fortpflanzung:** Saisonehe. Geschlechtsreif mit 2 oder 3 Jahren. Koloniebrüter auf Bäumen, seltener im Schilf. Gelege 3–5 Eier. Brutdauer 21–22 Tage. Nestlingszeit 3–4 Wochen, selbständig mit 40–50 Tagen. Vom Aussterben bedroht.

Zwergdommel
Ixobrychus minutus

(Foto oben links: ad., Foto oben rechts: juv.)

Jungvogel, Flugbild

Merkmale: Sie ist unser kleinster Reiher (taubengroß) und fähig, mühelos im Schilf zu klettern. Die Farben des ♂ fahlgelb und schwarz, des ♀ braungelb und oberseits dicht schwarzbraun gestreift. Artkennzeichnend ist das große, gelbe Flügelschild, im Fluge (s. Grafik) ist es besonders auffallend. Schnabel blaßgelb, Beine grün. Juv. ähnlich ♀, aber nicht nur unterseits, sondern auch auf den Flügelschilden leicht braun längsgestreift, Streifung auch stärker (s. Grafik). Bei Gefahr Pfahlstellung einnehmend, d.h. durch Emporrecken des Halses einen Rohrhalm nachahmend. **Vorkommen:** Gemäßigtes und warmes Europa, Westasien; Afrika. Heimlicher Schilfbewohner, dämmerungsaktiv, zur Brutzeit auch tagaktiv. Z, überwintert südlich der Sahara. **Nahrung:** Anstandsjäger. Fische, ferner Wasserinsekten, Frösche, Egel. Bildet Gewölle. **Fortpflanzung:** Saisonehe. Geschlechtsreif mit 2 Jahren. Einzelbrüter, wenn auch gesellig. Schilfnester mit 5–6 Eiern. Brutdauer 17–20 Tage. Nestlingsdauer 17–18 Tage, selbständig mit 30 Tagen. Beide Eltern erbrüten und füttern die Jungen.
Vom Aussterben bedroht.

Rohrdommel
Botaurus stellaris

(Foto unten)

Flugbild

Merkmale: Ein großer, brauner Reiher mit langem Hals. Bei Gefahr Pfahlstellung einnehmend. Die Rohrdommel ähnelt auch sonst durch ihr fahlgelbes Federkleid mit dunkelbraunen Längsstreifen altem Schilf. Schnabel grünlichgelb, Beine gelbgrün. Fliegt wie eine Eule, doch mit langem Hals und überstehenden Beinen (s. Grafik). Ihre runden, breiten Flügel sind stark gestreift. Der tiefe, zweisilbige Balzgesang des ♂ ist bis maximal 5 km hörbar. **Verwechslung:** Mit juv. Nachtreiher, doch dieser kleiner und oberseits hell gefleckt auf dunkelbraunem Grund. Mit juv. Zwergdommel, doch deren Flügelschild nur leicht gestreift (vgl. Fotos). **Vorkommen:** Gemäßigtes Eurasien. Sehr heimlicher Schilfbewohner; läuft lieber, als daß er fliegt. Tz. **Nahrung:** Ansitz- und Schleichjäger. Fische, Amphibien, Insekten und alles andere Wassergetier. **Fortpflanzung:** Mitunter polygam. Einzelnest in dichtestem Röhricht. Gelege 4–6 Eier. Brutdauer 25–26 Tage. Nestlingszeit 4–5 Wochen, flugfähig mit 8 Wochen. Nur das ♀ erbrütet und füttert die Jungen.
Vom Aussterben bedroht.

Löffler
Platalea leucorodia

(Foto: Brutkleid)

Löffler gehören zu den Ibisvögeln, die alle besondere Schnäbel haben, langbeinig sind und nackte Stellen in Gesicht oder Kehle zeigen. **Merkmale:** Ein fast storchengroßer, weißer Stelzvogel mit langem Löffelschnabel, bei ad. mit gelber Spitze, und schwarzen Beinen. Bei juv. Schnabel rötlich, Beine hell bis grau, Zehen fleischfarben und Flügelspitzen schwarz. Hals im Flug gestreckt. Im Brutkleid mit Nackenhaube. **Vorkommen:** Seichte, offene Wasserflächen, große Sümpfe. Brutvogel in Südspanien (500 Paare), in den Niederlanden (600 Paare), am Neusiedler See (seit 1990 kein Nachweis mehr) und auf dem Balkan. Dz. **Nahrung:** Durchschnattert mit dem Schnabel sichelartig vorgehend Wasser und Schlamm nach Beute. Frißt kleine Wassertiere jeglicher Art. **Fortpflanzung:** Einehe. Eintritt der Geschlechtsreife unbekannt. Meist Koloniebrüter; auf altem Schilf wird ein Horst aufgeschichtet, selten in Weiden- und Erlengebüsch. Gelege 3–5 Eier. Brutdauer 21–25 Tage. Nestlingszeit rund 4 Wochen; Zeitpunkt des Selbständigwerdens unbekannt.

Höckerschwan
Cygnus olor

(Foto: Weibchen)

Männchen

Schwäne gehören wie die Gänse und Säger zu den Entenvögeln. **Merkmale:** Ein weißer Schwan mit rotem Höckerschnabel. Schwarz sind Schnabelwurzel, Nagel und Stirnhöcker. Beim ♂ ist der Höcker besonders ausgeprägt (vgl. Grafik; im Foto ♀). Juv. mit graubraunem bis schmutzigweißem Gefieder und bleigrauem Schnabel ohne Höcker; im 2. Jahr Höckerbildung und umfärbend in Gelbrot. Im Flug erzeugen die Flügelschläge ein lautes Singen. **Verwechslung:** Sing- und Zwergschwan fliegen ohne Flügelsingen. Juv. dieser Arten mit fleischfarbenem Schnabel. **Vorkommen:** Charaktervogel der Binnengewässer; oft künstlich angesiedelt. In Deutschland bis zu 8300 Brutpaare, in Österreich rund 350 Brutpaare. An den Küsten Nichtbrüter und Wintergast. St. **Nahrung:** Unterwasserpflanzen, die er mit seinem langen Hals gut erreicht, Gras. Zur Verdauungshilfe Steinchen und Erde. Kein Fischereischädling. **Fortpflanzung:** Lebenslange Ehe; »Scheidungsrate« 3% bei Paaren, die erfolgreich gebrütet haben und 9% bei nicht erfolgreichen Paaren. Geschlechtsreif im 3.(♀) bzw. 4.(♂) Lebensjahr. Das große, mächtige Nest wird auf trockenem Boden nahe am Gewässer gebaut. Es enthält 5–8 Eier. Brutdauer 35–38 Tage. Die Jungen werden monatelang geführt.

Singschwan
Cygnus cygnus

Merkmale: Ad. mit weißem Gefieder; Schnabel schwarz, mit ausgedehntem und unter dem Nasenloch spitz nach vorn auslaufendem Gelb. Langhalsig. Juv. grau, mit fleischfarbenem Schnabel. **Verwechslung:** Mit Zwergschwan; die Größenunterschiede sind zur Bestimmung nicht verwendbar. Mit juv. Höckerschwänen, doch deren Schnabel ist bleifarben und ältere juv. haben schon den Stirnhöcker. **Vorkommen:** An Seen, Flüssen, Sümpfen Nordeuropas, Nordasiens. Dz, W im Küstenbereich. Erste Bruten (3) in Deutschland 1994 in Schleswig-Holstein und Brandenburg. **Nahrung:** Rein pflanzlich; Wasserpflanzen abweidend, an Land Gräser und Wurzeln; Getreidekörner gerne annehmend. **Fortpflanzung:** Lebenslange Ehe. Geschlechtsreif wahrscheinlich mit 3–4 Jahren. Gewaltiges Bodennest mit 3–7 Eiern. Brutdauer 31–42 Tage. Führungszeit rund 2 Monate. Die Familien bleiben den Winter über zusammen und lösen sich erst auf dem Frühjahrsheimzug auf.

Zwergschwan
Cygnus columbianus bewickii

Merkmale: Wie Singschwan, aber gedrungener und mit kürzerem und etwas dickerem Hals. Das Gelb des Schnabels endet rundlich vor den Nasenlöchern, ist also beschränkter. Übrigens ist das Gelb bei Sing- und Zwergschwänen individuell verschieden. **Verwechslung:** Sehr leicht mit Singschwan; entscheidend ist das Gelb des Schnabels, nicht die Größe des Vogels. Juv. nicht unterscheidbar. **Vorkommen:** Tundren Eurasiens. Dz, W (Singschwantrupps meist in geringer Zahl beigemischt) in Schleswig-Holstein, im südwestlichen Mecklenburg und in Niedersachsen. Die weitaus seltenere Art. In den Niederlanden hingegen überwintern bis zu 8700. **Nahrung:** Wasserpflanzen, Gras auf überfluteten Wiesen, Klee. **Fortpflanzung:** Lebenslange Ehe. Geschlechtsreif mit 3–4 Jahren (?). Kompaktes Bodennest mit 2–5 Eiern. Brutdauer 29–30 Tage. Führungszeit unbekannt. Die Familien bleiben im Winter zusammen und lösen sich erst auf dem Heimzug auf. Doch können die Jungen in den folgenden Wintern wieder mit den Eltern und jüngeren Geschwistern zusammenleben.

Saatgans
Anser fabalis

nordeuropäische Rasse

Tundrarasse

Merkmale: Eine kräftige braune Gans mit orangegelb-schwarzem Schnabel; Nagel schwarz. Ausdehnung des Orangegelb und Schnabelform variieren stark: die nordeuropäische Rasse *fabalis* hat einen langen Schnabel mit viel Gelb, die Tundrarasse *rossicus* einen gestauchten mit viel Schwarz (s. Grafiken). Flachstirnig; Mitunter ein weißer Ring am Schnabelansatz; Beine orangegelb; Augenlid schwarz. Juv. mit hellen Beinen. **Verwechslung:** Mit Kurzschnabelgans, aber deren Beine rosarot und Stirn hoch. **Vorkommen:** Tundren und lichter Nadelwald (nördliche Taiga) Eurasiens. Dz, W (IX–V) in der Norddeutschen Tiefebene und am Neusiedler See. **Nahrung:** Vegetarisch. Sommer: Gräser, Beeren; Winter: Gräser, Wintergetreide, Klee, Kartoffeln, Queckenwurzeln. **Fortpflanzung:** Lebenslange Ehe. Geschlechtsreif wahrscheinlich im 3. Lebensjahr. Bodennest an Baumstamm oder in Büschen. Gelege 4–6 Eier. Brutdauer 27–29 Tage. Führungszeit wahrscheinlich 40 Tage. Familien bleiben bis zum Frühjahrsheimzug beieinander.

Graugans
Anser anser

Flugbild

Merkmale: Graugänse wirken silbergrau; im Fluge (s. Grafik) silbergraue Vorderflügel arttypisch. Der große Schnabel der westlichen Rasse ist rein sattgelb, mit hell-fleischfarbenem Nagel, der der östlichen Rasse kräftig rosa. Augenlider wie Schnabel gefärbt; flachstirnig; Füße fleischfarben. Juv. sind dunkler und ohne den schmalen weißen Ring um die Schnabelwurzel. **Verwechslung:** Mit Saatgänsen, deren Schnabelgelb stark ausgebildet ist; mit juv. Bläßgänsen, doch die mit orangefarbenen Beinen und schwarzem Nagel am Schnabel. **Vorkommen:** Brutvogel nördlich und östlich der Elbe (bis 8500 Paare) und am Neusiedler See (rund 500 Paare); in großen Flachmooren und an Binnenseen. Während der Zugzeit und im Winter auf Weiden, Äckern, Brachland. Tz. **Nahrung:** Vegetarier; Gräser, Käuter, Stauden, Wurzeln, Samen, Knollen. **Fortpflanzung:** Lebenslange Einehe. Geschlechtsreif Ende des 2. Lebensjahrs. Bodenbrüter. Gelege 3–14, meistens 4–9 Eier. Brutdauer 28–29 Tage. Nestflüchter, flugfähig mit 10 Wochen. Familie bleibt bis zum Frühjahr zusammen.

Die Graugänse sind die Stammeltern unserer Hausgänse. Konrad Lorenz hat ihr »menschliches« Verhalten in einfacher Sprache meisterhaft gedeutet.

Kurzschnabelgans
Anser brachyrhynchus

Merkmale: Eine graue Gans mit schwarzbraunem Kopf und Hals; dazu kontrastieren die blaugraue Oberseite und die rosaroten (fleischfarbenen) Beine. Der schwarze Schnabel ist kurz und hoch und hinter dem Nagel mit rosa Binde. Hochstirnig; Augenlid schwarzbraun; gelegentlich etwas Weiß am Schnabelansatz. Juv. oberseits brauner und dunkler; Beine heller, mitunter ockergelblich. **Verwechslung:** Ad. mit der östlichen Rasse der Saatgans, diese aber größer und andere Beinfarbe; auch Schnabelform anders (s. Grafik S. 36). Juv. mit juv. Bläßgänsen, doch diese mit orangeroten Beinen; mit Graugans. **Vorkommen:** Brutvogel Spitzbergens (30 000 Vögel), Islands und Ostgrönlands (232 000 Vögel). W in Nordseeländern (X–V). **Nahrung:** Vegetarier; wie Graugans. **Fortpflanzung:** Lebenslange Ehe. Geschlechtsreif im 3. Lebensjahr. Bodenbrüter auf Fels und Frostschutthügeln. Gelege 3–7 Eier. Brutdauer 26–28 Tage. Führungszeit 7–8 Wochen. Familien bleiben bis zur nächsten Brut beisammen.

Bläßgans
Anser albifrons

Zwerggans

Merkmale: Eine dunkelköpfige graue Gans mit kräftigen, schwarzen Bauchstreifen (quer) und einer weißen Gesichtsmaske (Blesse). Hochstirnig; Beine orange; Schnabel und Nagel kräftig fleischfarben, bei der grönländischen Rasse *flavirostris* gelb. Augenlid normalerweise schwarzbraun. Juv. ohne Blesse und Bauchstreifen, Schnabel mit dunklem Nagel. **Verwechslung:** Mit der kleinen Zwerggans, *A. erythropus* (s. Grafik), die jedoch gedrungener ist, deren Blesse die ganze Stirn einbezieht, und die ein gelbes Augenlid hat (seltener Dz, W). Mit älteren Graugänsen, die schwärzliche Bauchflecken zeigen können. Juv. mit juv. Kurzschnabelgans sowie mit Graugans. Juv. von juv. Zwerggans nicht unterscheidbar. **Vorkommen:** Zirkumpolar in der arktischen Tundra. Dz, W (X–IV) an Nordseeküsten, am Niederrhein, Neusiedler See. **Nahrung:** Vegetarier; Gräser. Daher bei Schneefall Winterflucht. **Fortpflanzung:** Lebenslange Ehe. Geschlechtsreif im 3. Lebensjahr. Bodenbrüter. Gelege 4–7 Eier. Brutdauer 23–28 Tage. Führungszeit 7–8 Wochen. Familien bleiben bis zum nächsten Frühjahr beieinander.

Ringelgans
Branta bernicla

Merkmale: Eine kleine schwarze Gans mit weißem Schwanz und weißen Abzeichen an den Halsseiten. Bei der in Mitteleuropa überwinternden Rasse *bernicla* ist der Körper dunkel schiefergrau; bei der Rasse *hrota* (von Spitzbergen und Ostgrönland) hellbrauner und Bauch und Flanken deutlich von dunkelbrauner Oberseite abgesetzt. Juv. ohne weiße Halszeichen. Im Frühjahr darauf mit kleineren Halsabzeichen und wie schon juv. mit hellen Flügelbinden. **Verwechslung:** Mit Weißwangengans, die aber ein weißes Gesicht hat. **Vorkommen:** Arktis zirkumpolar. Dz (IX–XI, III–V), W in Nordseewatten. **Nahrung:** Weidet in seichtem Wasser Seegras, Algen; Salzpflanzen, Seetiere; im Brutgebiet Moose, Flechten, Gras. **Fortpflanzung:** Wahrscheinlich lebenslange Ehe. Eintritt der Geschlechtsreife unbekannt. Koloniebrüter. Bodennester oberhalb der Flutlinie von Flüssen, Seen oder der Küste. Gelege 3–6 Eier. Brutdauer 24–26 Tage. Führungszeit 6–7 Wochen. Familien bleiben bis zum Frühjahrsheimzug zusammen.

Weißwangengans
Branta leucopsis

Merkmale: Eine kleinere, schwarz-weiße Gans mit kurzem, dickem Hals und Kopf. Voraugenstreif, Scheitel, Hals und Brust sind schwarz; Gesicht weiß. Beine und Schnabel schwarz. Oberseits schwarz-weiß gebändert. Im Fluge weißbäuchig. Bei juv. sind die schwarzen Partien des Gefieders dunkel graubraun; das Weiß des Gesichts ist weniger scharf abgesetzt und stumpfer; oberseits weniger kontrastreich. **Verwechslung:** Mit Kanadagans (s. S. 42); mit der Ringelgans, die aber einen schwarzen Kopf hat. **Vorkommen:** Hocharktis: Spitzbergen, Ostgrönland; Nowaya Zemlya, Waigatsch, insgesamt 200 000 Vögel. Brutvogel auf Gotland, Öland, Südwestfinnland-Schären (2000 Paare) und in Estland. Neuerdings auch in Schleswig-Holstein (15 Paare) und seit 1988 im niederländischen Rhein-Schelde-Delta (30 Paare). Dz (X–XI, III–IV) in Schleswig-Holstein und an der Küste Niedersachsens zu den niederländischen Winterquartieren. **Nahrung:** Vegetarisch. Im Winter vor allem Salzpflanzen, Seegras, Gräser. Nicht wählerisch. **Fortpflanzung:** Lebenslange Ehe, Scheidungsrate 2,4 %. Geschlechtsreif wahrscheinlich im 3. Lebensjahr. Koloniebrüter auf steilen Klippen und Felsbändern, im Ostseeraum ebenerdig brütend. Gelege 4–6 Eier. Brutdauer 24–25 Tage. Führungszeit ca. 7 Wochen. Familien bleiben bis zur nächsten Brutperiode zusammen.

Kanadagans
Branta canadensis

Merkmale: Eine sehr große, graubraune Gans mit schwarzem Kopf, Hals, Schnabel und Beinen. Kehle und Backen weiß. Juv. wie ad., aber Kopf und Hals braunschwarz, Oberseite geschuppt, nicht gewellt gezeichnet. **Verwechslung:** Mit der kleineren Weißwangengans; diese hat aber weiße Stirn und schwarze Brust. **Vorkommen:** Kanada, Alaska. Als Brutvogel eingebürgert in Schweden (jetzt rund 50 000 Vögel) durch Bengt Berg 1929, Norwegen (1936; heute bis 2000 Paare), Großbritannien (seit 1678, jetzt 65 000 Vögel), Finnland (1966, 500 Paare) und Dänemark. Erste Bruten 1990 im Ladoga-See, Rußland. Bei uns freifliegender Parkvogel; seit 1977 erste Bruten in Schleswig-Holstein. Dz im Nordwesten und W der Norddeutschen Tiefebene; heute brüten in Deutschland bis zu 460 Paare. **Nahrung:** Gras, Klee, Wasserpflanzen, Getreide; im Sommer auch Insekten, Würmer, Mollusken. **Fortpflanzung:** Lebenslange Ehe. Geschlechtsreif im 3. Lebensjahr. Bodenbrüter in Sümpfen, auf Inseln; oft kolonieweise. Gelege 4–7 Eier. Brutdauer 28–30 Tage. Führungszeit etwa 2 Monate. Familien bleiben bis zur nächstjährigen Rückkehr zum Brutplatz zusammen.

Brandgans
Tadoma tadoma

(Foto: Brutkleider)

Ruhekleid

Merkmale: Eine gansähnliche Ente; schwarzgrün, weiß und satt rostfarben; Flügelspiegel grün. Beine blaß fleischfarben. Im Ruhekleid sind die Farben matter und Stirn und Backen weißlich (s. Grafik); ♀ dann auch ohne schwarzes Bauchband. Schnabel im Brutkleid lackrot, im Ruhekleid fleischrosa; ♂ mit großem Höcker über der Schnabelwurzel, im Ruhekleid Höcker angedeutet. Juv. weiß, oberseits graubraun, Schnabel und Beine hellgrau, Handschwingen rostfarben. **Verwechslung:** Mit ♂ Löffelente. **Vorkommen:** Sandige und schlammige Küsten und Flußufer. In Deutschland rund 4000 Paare. Die nord-, süd- und westeuropäischen Brandgänse mausern im Juli, August im Wattenmeer; bis 180 000 allein im deutschen Wattenmeer, davon bis 110 000 um Trischen und bis 50 000 um Scharhörn. Sie sind dann flugunfähig. **Nahrung:** Durchschnattert das Wasser und gründelt im Watt, Schlick und seichtem Wasser nach Mollusken, Insekten, Krebsen. **Fortpflanzung:** Lebenslange Ehe die Regel. Geschlechtsreif mit 22 Monaten. Höhlenbrüter (Kaninchenbauten). Gelege 8–12 Eier. Brutdauer 28–30 Tage. Führungszeit in »Kindergärten« 6 Wochen. Eigene Eltern verschwinden schon nach 1 oder 2 Wochen zum Mauserplatz.

Pfeifente
Anas penelope

(Foto: Prachtkleid)

Merkmale: Beine bleigrau. Erpel (♂) im Prachtkleid (IX–VI) mit cremefarbener Stirn, rotbraunem Kopf, rosafarbener Brust, grauer Oberseite und Flanken, weißem Bauch und schwarzen Unterschwanzdecken. Im Fluge breite, weiße Schultern und metallgrüner Flügelspiegel. Im Ruhekleid (VII–X) wie ♀, aber weiße anstatt braungraue Schulter und hellgrauer statt dunkel schiefergrauer Schnabel. Ente (♀) satt rötlichbraun, Bauch weiß, Flügelspiegel grün. Juv. wie ♀, aber Flügelspiegel schwärzlich. **Verwechslung:** Enten und juv. mit anderen Enten. **Vorkommen:** Auf größeren Binnengewässern Nordeurasiens. Im Winter Küstennähe bevorzugend. Brutvogel in Mecklenburg, Brandenburg, Ostholstein, insgesamt unter 20 Paare. Dz. (häufig), W (VIII–V). **Nahrung:** Weidet und pickt vom Wasser und Schlick auf, gründelt selten. Vegetarisch; Sumpf- und Wasserpflanzen, Gräser. **Fortpflanzung:** Saisonehe. Wenige schon im 1. Lebensjahr brütend. Bodenbrüter in Zwergsträuchern, Büschen. Gelege 7–9 Eier. Brutdauer 22–25 Tage. Führungszeit durch das ♀ ca. 6 Wochen.

Schnatterente
Anas strepera

(Foto: Prachtkleid)

Weibchen

Merkmale: Flügelspiegel weiß (vgl. die Grafik: Flugbild ♀), Beine orangegelb; Erpel (♂) im Prachtkleid (IX–VI) mit hellbraunem Kopf und schwarzem Hinterende. Schultern kastanienbraun, Schnabel bleigrau. Im Ruhekleid (VI–IX) wie ♀, aber mit den kastanienbraunen Schultern und ohne Flecken auf den gelben Schnabelseiten. Ente (♀) braun, mit hellbraunem Kopf; Bauch weiß; Schnabel gelb, mit grauen Flecken und grauer Mittellinie. Juv. wie ♀, aber Bauch braun gefleckt. Einjähriges ♂ noch mit Jugendflügel, d. h. fast ohne Kastanienbraun. **Verwechslung:** Juv. mit juv. Stockenten (Schnabelfarbe!). **Vorkommen:** Gemäßigtes Eurasien und Nordamerika. Brutvogel an größeren, offen liegenden, seichten und vegetationsreichen Seen. In Deutschland 2000–2500 Brutpaare. Z, Österreich bis Ostafrika. Wenige bei uns überwinternd. **Nahrung:** Seiht und gründelt im Wasser. Wasserpflanzen, im Sommer bis 10% kleine Wassertiere. Schmarotzt bei anderen Enten und Bläßhühnern. **Fortpflanzung:** Saisonehe, aber mit »Seitensprüngen« des ♂. Verdecktes Bodennest in trockener, dichter Vegetation. Gelege 8–12 Eier. Brutdauer 24–26 Tage. Führungszeit durch das ♀ 6–7 Wochen.

Löffelente
Anas clypeata

(Foto: Prachtkleid)

Weibchen

Merkmale: Die einzige Ente mit einem Löffelschnabel (s. Grafik), Beine orangerot, Schultern himmelblau, Spiegel grün. Erpel (♂) im Prachtkleid farbenprächtig (X/XI–VI); im Übergangskleid (VIII/IX–XI) wie Ruhekleid, aber Kehle schon weiß, Kopf schwarz mit weißen Flecken, Schnabel bleifarben; im Ruhekleid (VI–VIII/IX) wie ♀ braun, aber mit gelbem Auge. ♀ und juv. mit braunem Auge. **Verwechslung:** Erpel im Prachtkleid mit Brandgans, aber Löffelerpel mit rostfarbenem, nicht weißem Bauch und Flanken. **Vorkommen:** Boreale und gemäßigte Zonen der Nordhalbkugel. An flachen, offenen, vegetationsreichen Süß- und Brackgewässern des Flachlandes. In Deutschland bis zu 3500 Brutpaare. Z. **Nahrung:** Filtert schnatternd offenes Wasser nach Krebsen, Mollusken, Insekten und anderem Kleingetier durch. Bevorzugt im Winter Samen. Gründelt selten. **Fortpflanzung:** Saisonehe. Bodenbrüter auf trockenem Boden in Wassernähe. Gelege 8–12 Eier. Brutdauer 22–25 Tage. Führungszeit durch das ♀ 6–7 Wochen.

Stockente
Anas platyrhynchos

(Foto: Prachtkleid)

Weibchen

Zu allen Jahreszeiten sind bei uns die Stockenten die häufigste Art. Sie sind die Stammeltern unserer Hausente; Bastarde sind nicht selten. **Merkmale:** Der tiefblaue Flügelspiegel ist weiß eingefaßt. Beine orangerot. Beim Erpel (♂) im Prachtkleid (VIII–VI) Kopf dunkelgrün, durch weißen Halsring von der dunkelbraunen Brust getrennt. ♂ im Ruhekleid und ♀ braun gefleckt, Schnabel grünoliv, Schnabelseiten oft teakfarben überlaufen. Juv. wie ♀, aber Schnabel rötlich hornfarben und Beine gelb bis orangegelb. **Verwechslung:** In den braunen Kleidern mit Schnatterente. **Vorkommen:** Eurasien, Nordamerika. Auf allen Gewässern in Stadt und Land. In Deutschland bis zu 420 000 Brutpaare. Tz. **Nahrung:** Jahreszeitlich wechselnd. Von Spätherbst bis Vorfrühling fast nur pflanzlich (Samen, Wintertriebe); zur Brutzeit und im Frühsommer überwiegen Weichtiere und Insekten. **Fortpflanzung:** Saisonehe. Boden- und Baumbrüter von größtem Einfallsreichtum, auch weit vom Wasser entfernt. Offene und Höhlennester mit meist 7–11 Eiern. Brutdauer 24–32 Tage. Das ♀ führt die Jungen bis zur Flugfähigkeit mit 8 Wochen.

Krickente
Anas crecca

(Foto: Prachtkleid)

Weibchen

Merkmale: Unsere kleinste Ente; gedrungen, mit dunklen Beinen und schwarzgrauem Schnabel; Flügelspiegel grün. Der graue Erpel (♂) im Prachtkleid (X–VII) mit kastanienbraunem Kopf, geschwungenem grünen Augen-Nacken-Streif, weißem Flankenstreif und gelborangefarbenen Feldern am schwarzen Hinterkörper. Im Ruhekleid (nur VIII–IX) wie ♀ (s. Grafik) mit brauner Oberseite und Brust, weißem Bauch. Juv. wie ♀, aber auch Bauch braun gesprenkelt und Schnabel hornfarben. **Verwechslung:** Mit ♀ Knäkente, die jedoch am Kopf anders gestreift ist. **Vorkommen:** Gemäßigte und kalte Zonen der Nordhalbkugel. Auf Flachwassern mit Schlick und Sand jeder Art. In Deutschland bis zu 5700 Brutpaare. JZ. **Nahrung:** Im Frühling und Sommer vorwiegend Insekten sowie Mollusken; im Herbst, Winter hingegen kleine Samen, wenig Schlicktiere. Die Nahrung wird vom Schlick aufgepickt, mit Kopf unter Wasser oder durch Gründeln gesammelt. **Fortpflanzung:** Saisonehe. Bodenbrüter mit einfallsreichen Verstecken bis 1 km vom Wasser entfernt, selbst im Wald. Gelege 8–12 Eier. Brutdauer 21–23 Tage. ♀ führt die Jungen 1 Monat lang; diese spätestens mit 44 Tagen flugfähig.

Knäkente
Anas querquedula

(Foto: Prachtkleid)

Weibchen

Merkmale: Sehr klein und schlank. Grüner Flügelspiegel mit breiter, weißer Fassung; Schnabel bleigrau (♂) bzw. olivgrau (♀); Beine dunkelgrau. Erpel im Prachtkleid mit breitem weißen Überaugenstreif auf rotbraunem Kopf, hellgrauen Seiten und im Flug hellblauer Schulter. Im Ruhekleid (VI–IX) ähnlich ♀, aber Schultern blaugrau. Das braune ♀ (s. Grafik) mit schwarzbraunem Oberkopf, mit hellem Fleck an Schnabelansatz und breiten beigen Augenstreifen; Bauch weiß. Juv. mit braunem Bauch, juv. ♀ mit hellbraunem Spiegel. **Verwechslung:** Mit ♀ Krickente, deren Kopf aber kontrastarmer braun. **Vorkommen:** Von Südschweden und England quer durch Eurasien bis zum Ochotskischen Meer. In Deutschland bis zu 3100 Brutpaare. Auf nahrungsreichen, seichten, offenen Gewässern der Ebenen mit guter Deckung. Z; überwintert in Afrika. **Nahrung:** Frißt mit Kopf unter Wasser Wasserpflanzen und Wassergetier. Im Frühjahr lediglich tierische Nahrung. **Fortpflanzung:** Saisonehe. Bodenbrüter in trockenem Gras oder Gebüsch; Nest versteckt. Gelege 8–11 Eier. Brutdauer 21–23 Tage. Führung durch das ♀ 35–40 Tage bis zur Flugfähigkeit.
Gefährdet.

Spießente
Anas acuta

(Foto: noch unvollständiges Prachtkleid ohne Schwanzspieße)

Merkmale: Erpel (♂) im Prachtkleid (XI/XII–VI) Kopf und Hinterhals braun, mit stilettförmigem Fortsatz der weißen Halsfärbung. Schwarze, lange Schwanzspieße; Flanken, Oberkörper grau. Ruhekleid (VI–XI/XII) wie ♀, d.h. hellbraun gestreift. Schnabel beider bleigrau; Beine blaugrau; Flügelspiegel grün, beim ♀ undeutlich rostbräunlich. Juv. wie ♂ Ruhekleid bzw. ♀. **Verwechslung:** In den braunen Kleidern mit Krick- und Knäkente, diese aber viel kleiner. **Vorkommen:** Nordeurasien, Nordamerika. Auf großen vegetationsreichen Seen, in Mooren, Heiden und Dünen. Auf dem Zug und im Winter in Flußmündungen, Lagunen und an der Meeresküste. Sehr seltener Brutvogel in Nord- und Mitteldeutschland (etwa 35 Paare) und im Burgenland. Tz. **Nahrung:** Wie bei Stockente jahreszeitlich wechselnd. Nahrungssuche in flachen Binnenseen und im Watt. **Fortpflanzung:** Saisonehe. Bodenbrüter in möglichst trockenem Gelände, meist offen auf Weiden und Saatfeldern. Normal 7–11 Eier. Brutdauer 21–23 Tage. Das ♀ führt die Jungen bis zur Flugfähigkeit mit 7 Wochen. Stark gefährdet.

Tafelente
Aythia ferina

(Foto: Prachtkleid)

Jungvogel

Merkmale: Tauchente. Erpel (♂) im Prachtkleid (XI–VII): rotbrauner Kopf und Hals, Brust und Körperende schwarz, Flanken und Rücken grau; Auge orange bis rot; Schnabel schwarz, mit hellgrauem Mittelfeld. Im Ruhekleid (VI–XI) sind die schwarzen Partien braun, das Rotbraun stumpfer. Ente (♀) dunkelbraun, Flanken und Rücken grau, fein dunkel quergewellt; Auge braun; Schnabel grau, mit blauer Binde. Juv. einheitlich dunkelbraun, mit Wellenzeichnung auf Flanken und Flügeln (s. Grafik); Schnabel dunkelgrau; Auge braun; bei Erpeln bald schon etwas Orange auf hellem Grund. **Verwechslung:** ♀ mit Reiher- und Bergente, aber zu unterscheiden an verwaschenem, hellbraunem Fleck an Kinn und Schnabelgrund sowie braunen (statt gelben) Augen. **Vorkommen:** Europa, West- und Mittelsibirien. Nahrungsreiche, ruhige Gewässer von höchstens 1 m Tiefe mit Rohrgürtel. Außerhalb der Brutzeit verstärkt auf Kunstseen. Brutvogel mit Schwerpunkten in Nord- und Mitteldeutschland, Bayern, Burgenland, Neuenburger See. Tz. **Nahrung:** Tierische und pflanzliche aller Art, von kleinsten Mückenlarven bis zu 8 cm langen Pflanzenteilen. **Fortpflanzung:** Saisonehe. Bodenbrüter; Nest im Röhricht oder in der Ufervegetation; wassernah. Gelege 6–9 Eier. Brutdauer 24–28 Tage. Das ♀ führt die Jungen 50–55 Tage.

Kolbenente
Netta rufina

(Foto: Prachtkleid)

Erpel von unten

Merkmale: Eine kompakte, kleine Tauchente mit dickem Kopf. Erpel (♂) mit lackrotem Schnabel und hellrotem Auge. Im Prachtkleid (X–VI) Kopf fuchsrot, Hals und Brust schwarz; Flügelbug weiß. Im Flug oberseits Hinterflügel weiß, unterseits Flügel weiß, mit schmalem schwarzen Hinterrand (s. Grafik). Im Ruhekleid (VI–X) Gefieder wie ♀. Ente (♀) oberseits dunkelbraun, unterseits hellbraun, mit weißgrauen Wangen; Schnabel graubraun, Auge braun, im Brutkleid rotbraun. Juv. wie ♀, Flanken und Brust ohne Konturen. Beine beim ♂ rot mit schwarzen Gelenken, beim ♀ rosa und grau, beim juv. braunorange. **Verwechslung:** ♀ mit ♀ Trauerente, die jedoch auf dem Meer lebt und ohne Weiß im Flügel ist. Schnabel anders. **Vorkommen:** Brutvogel des warmen Zentralasiens; in Deutschland sehr zerstreut und lokal brütend; insgesamt bis 520 Paare. Z. **Nahrung:** Armleuchteralgen (Characeae), daneben andere Wasserpflanzen und ein wenig Wassergetier. **Fortpflanzung:** Saisonehe. Bodenbrüter in dichtester Vegetation. Gelege 6–12 Eier. Brutdauer 26–28 Tage. Führungszeit durch das ♀ 45–50 Tage. Stark gefährdet.

Moorente
Aythia nyroca

(Foto: Prachtkleid)

Erpel von unten

Merkmale: Im Fluge sieht man einen dunkel rotbraunen, runden Körper mit relativ kurzen, weißen Schwirrflügeln in raschestem Flügelschlag. Eine dunkel mahagonifarbene Ente mit weißem Hinterende (ad.) und Flügelspiegel sowie silberweißem Bauch. Die weißen Unterflügel dunkel gerahmt, beim ♀ geht das Weiß von Bauch und Hinterende ineinander über (Flugbild ♂ s. Grafik). Schnabel und Beine grau. ♂ mit weißem, ♀ mit dunklem Auge. Juv. wie ♀, aber Hinterende braun. **Verwechslung:** Juv. mit ♀ Tafelente, doch diese braun statt rot getönt und ohne Weiß im Flügel. **Vorkommen:** Brutvogel des südlichen Osteuropas, bei uns u. a. Odermündung, Lausitz, Neusiedler See. Heimlich; auf seichten, mit Röhricht bestandenen Seen, bevorzugt in dichtem Bewuchs. Z; überwintert südwärts bis Senegal und Sudan. **Nahrung:** Wasserpflanzen, vor allem Armleuchteralgen (Characeae) und Wasserlinsen (Lemnaceae) sowie Wassergetier bis 3 cm Länge. **Fortpflanzung:** Saisonehe. Bodenbrüter in schwimmender Vegetation und am Ufer. Kann Kolonien bilden. Gelege 7–11 Eier. Brutdauer 22–28 Tage. Das ♀ führt die Jungen 50–60 Tage bis zur Flugfähigkeit.
Deutscher Bestand vom Erlöschen bedroht.

Bergente
Aythia marila

(Foto oben links: ♀,
Foto oben rechts:
♂ im Prachtkleid)

Weibchen

Merkmale: Gelbäugig; Spiegel weiß. Erpel (♂) im Prachtkleid (IX/X–VII) mit weißen Flanken und silberner Oberseite, schwarzgrünem Kopf und glänzend schwarzer Brust und Heck. Im Schlichtkleid (VII–IX) Flanken und Oberseite hellgrau mit braunen Wellen, sonst dunkelbraun. Ente (♀) dunkelbraun, oberseits quergewellt; mit breiter weißer Blesse rund um den grauen Schnabel; im Brutkleid Blesse weniger ausgedehnt und mit weißen Ohrfedern (s. Grafik). Juv. ähnlich ♀ im Brutkleid, mit rundem, hellbeigem Fleck am Schnabelansatz, hellbraunen Backen; ♀ juv. mit braunen Augen. **Verwechslung:** ♀ und vor allem juv. leicht mit ♀ Reiherenten, die kleinen weißen Fleck bis Ring am Schnabelansatz zeigen können (s. Foto unten sowie Grafik). Deren Oberseite aber ohne Wellenzeichnung. **Vorkommen:** Brutvogel am Nordrand der Nordhalbkugel, südwärts bis Estland, Gotland, neu in Schleswig-Holstein. Im Winter an Salzwasser. W (X–IV). **Nahrung:** Taucht bis 18 m Tiefe nach Mollusken, Krebsen; im Sommer Wasserinsekten. Im Süßwasser bis zu 43 % Wasserpflanzen. **Fortpflanzung:** Saisonehe. Geschlechtsreif wahrscheinlich erst im 2. Lebensjahr. Gelege 7–12 Eier. Brutdauer 26–28 Tage. Das ♀ führt die Jungen 35–40 Tage; flugfähig mit 45 Tagen.

Reiherente
Aythia fuligula

Weibchen mit weißem Schnabelgrund

Merkmale: Gelbäugig; Spiegel weiß. Erpel (♂) im Prachtkleid (IX/X–VI) schwarz mit weißen Flanken; Kopf purpurviolett schimmernd, mit Federbusch am Hinterkopf. ♀ und juv. schwarzbraun, ♀ mitunter mit weißen Vorderbacken (s. Grafik und vordere Ente auf dem Foto), im Ruhekleid mit schmalem weißem Schnabelgrund; Erpel von VI–X düsterer, braun. **Verwechslung:** Mit der Bergente. Bei dieser ♂ mit hellgrauem statt schwarzem Rücken, mit grün schimmerndem schwarzen Kopf; mit Bergenten-♀ im Winter (s. o.). **Vorkommen:** Brutvogel an 6 m tiefen Seen und Teichen und an der Ostseeküste. Außerhalb der Brutzeit auch auf langsam fließenden Gewässern. In Deutschland bis zu 13 400 Brutpaare. Tz. **Nahrung:** Taucht vor allem nach Mollusken, besonders nach Wandermuscheln *(Dreissena polymorpha)*; Tauchtiefe bis maximal 5–6 m. **Fortpflanzung:** Saisonehe; Bigamie kommt vor. Nest auf Inselchen am Boden, meist gut versteckt, auch in Höhlungen. Gelege 5–12 Eier. Brutdauer 23–25 Tage. Das ♀ führt die Jungen 6 Wochen lang; flugfähig mit 9 Wochen.

Eiderente
Somateria mollissima

(Foto: Prachtkleid)

Erpel, Ruhekleid

Merkmale: Hoher Schnabel, der stufenlos in die flache Stirn übergeht; gänsegroß; ♀ entenbraun, mit kleiner weißer Flügelbinde. ♂ Bauch und Flanken schwarz, weiße Oberseite. Je nach Alter und Mauserstadium Kopf und Hals entweder weiß, mit schwarzer Kopfplatte und grünem Hinterkopf (1. und ad.-Prachtkleid, IX-VII) oder schokoladenbraun, mit weißem Überaugenstreif (Ruhekleid, VII-IX; s. Grafik; 2. Prachtkleid). Typisch für das Ruhekleid ist die braune Brust, für 1. und 2. Prachtkleid einzelne dunkelbraune Federn im Weiß und die dunklen Enden der sichelförmigen Ellbogenfedern. **Vorkommen:** Meeresente. Brutvogel der Friesischen Inseln und der kalten Küsten der Nordhalbkugel; überwintert massenweise im Wattenmeer. St. **Nahrung:** Taucht, gründelt und sammelt Mollusken, Krebse, Stachelhäuter. **Fortpflanzung:** Saisonehe mit »Seitensprüngen« des ♂. Geschlechtsreif spätestens mit 3 Jahren. Bodenbrüter, gerne auch kolonieweise. Gelege 3-6 Eier. Brutdauer 25-28 Tage. Das ♀ führt 2 Monate; Junge flugfähig mit 9-11 Wochen. Gefährdet.

Eisente
Clangula hyemalis

(Foto: ♂ im Winterkleid = Prachtkleid)

Weibchen, Herbstkleid

Erpel, Sommerkleid

Erpel, Herbstkleid

Merkmale: Meeresente mit einer Vielzahl von Kleidern. Die Farben sind Weiß, Grau und Sattbraun. Flügel einfarbig braun. Das große Auge beim ♀ braun, beim ♂ hellbraun bis orange. Erpel (♂) im Prachtkleid (Winterkleid) vorwiegend weiß, mit großem schwarzbraunem Ohrfleck und heller, braungrauer Gesichtsmaske. Im Sommerkleid schwarzbraun, mit weißer Gesichtsmaske, Unterseite weiß (s. Grafiken). ad. ♂ immer mit langen Schwanzspießen. Schnabel blaßrot und grau, Nagel schwarz. ♀ im Sommer und Herbst oberseits braun, Backen halbmondförmig dunkelbraun, Gesicht, Stirn, Nacken und Hals weiß (s. Grafik), Schnabel bleifarben. ♀ im Winterkleid Kopf schwarzbraun, mit hellbrauner Gesichtsmaske und weißem Augenring, Vorderhals weiß. Juv. düsterer, graubraun, mit weißlichem Gesicht, schwarzbraunen halbmondförmigen Backen. **Vorkommen:** Tundra der Nordhalbkugel. W (IX-V) auf der Ostsee, seltener Nordsee. Stark durch Ölpest gefährdet. **Nahrung:** Taucht nach Mollusken, Fischchen, Krebsen; Sprungtauchen typisch. Am Brutplatz Insekten, Wasserflöhe, Fischlaich. **Fortpflanzung:** Saisonehe. Geschlechtsreif im 2. Lebensjahr. Bodenbrüter, Nest in der Vegetation versteckt. Gelege 5-9 Eier. Brutdauer 24-29 Tage. Das ♀ führt die Jungen 35-40 Tage; »Kindergärten« bildend.

Trauerente
Melanitta nigra

(Foto: Erpel)

Weibchen

Merkmale: Ein großer, pechschwarzer Erpel mit orangenem und gelbem Oberschnabel. Beine bleigrau. Ente (♀) und juv. schwarzbraun, mit hellen Backen und Kinn; Schnabel grau (s. Grafik). Erpel (♂) im düsteren Ruhekleid am Gelb des Schnabels erkennbar. **Verwechslung:** Mit Samtente. ♀ mit ♀ der größeren Kolbenente, die aber auf Süßwasser beschränkt ist. **Vorkommen:** Im Brutgebiet, dem Nordrand Eurasiens, an Flüssen, auf Süßwasserseen und Hochmooren. Außerhalb der Brutzeit Meeresente. Mausergast und W (ab VII) vor den dänischen, schleswig-holsteinischen und mecklenburgisch-pommerschen Küsten. Dz (III–V, VII–VIII) in Schleswig-Holstein. **Nahrung:** Taucht nach Mollusken. Im Brutgebiet Zuckmückenlarven, Wasserflöhe und Fischeier. **Fortpflanzung:** Saisonehe. Eintritt der Geschlechtsreife mit 2–3 Jahren. Bodenbrüter; Nest in Nähe des Ufers in dichter und hoher Stauden- und Strauchvegetation. Gelege 6–9 Eier. Brutdauer 30–31 Tage. Das ♀ führt die Jungen 6–7 Wochen; mitunter »Kindergärten«-Bildung.

Samtente
Melanitta fusca

(Foto: links Erpel, rechts Ente)

Erpel

Merkmale: Erpel (♂) groß, pechschwarz, mit weißem Keilfleck unter dem Auge, weißer Flügelbinde (s. Grafik) und gelbem Schnabelrand; Beine rot. 1. Prachtkleid ohne weißen Augenfleck. ♀ und juv. schwarzbraun, mit zwei hellgrauen Gesichtsflecken (Mundwinkel, Ohr) und weißem Flügelspiegel (wie ♂; vgl. Grafik); Beine schmutzigrot, Schnabel grau. **Verwechslung:** Erpel mit Trauererpel, der aber ohne jedes Weiß ist. Der weiße Spiegel ist auf dem Meer nicht immer sichtbar, Schlichtkleider daher verwechselbar. **Vorkommen:** Waldtundra und nördliche Taiga Eurasiens, Bottnischer Meerbusen, Estland. Dz, W (X–IV), vor allem auf dem Meere. Einige übersommern. **Nahrung:** Taucht nach Mollusken; ferner Krebse, Stachelhäuter. Taucht von allen Meeresenten am tiefsten, mittlere Tauchtiefe 10,5 m, doch wahrscheinlich auch 20–30 m tief, da die Nahrung in den Ostseebuchten vom Meeresgrund geholt wird. Am Brutplatz überwiegen Insektenlarven; Wasserpflanzen. **Fortpflanzung:** Saisonehe. Geschlechtsreif im 2. Lebensjahr. Bodenbrüter zwischen Gebüsch und Gräsern. Gelege 7–10 Eier. Brutdauer 26–29 Tage. Die Jungen werden maximal 4–5 Wochen geführt; das ♀ ist aber eine schlechte Mutter und führt wahllos und unaufmerksam eigene und/oder fremde Kinder. Junge mit 2 Monaten flugfähig.

Schellente

Bucephala clangula

(Foto: Prachtkleid)

Erpel, Prachtkleid

Merkmale: Eine gedrungene, hochstirnige Tauchente mit buschigem Kopf. Erpel (♂) im Prachtkleid (X–VII) weiß-schwarz, mit schwarzgrün schillerndem Kopf; ein weißer Fleck vor dem goldgelben Auge; Armflügel weiß, mit schwarzer Vorderkante (s. Grafik). Schnabel dunkelgrau; Beine orangegelb. Im Ruhekleid (VII–XI) wie ♀, nicht aber Auge und Spiegel; kein Halsband. ♂ im 1. Prachtkleid Kopf dunkelbraun, mit weißlichem Fleck vor dem gelben Auge; Körper grau. ♀ grau, mit schokoladebraunem Kopf, weißem Halsband. Der dunkelbraune Flügel mit weißem Armflügel wie ♂, doch mit 2 dunklen Querbinden (im Schwimmen als Seitenstreifen sichtbar; vgl. Foto). Dunkelgrauer Schnabel, mit blaßrosa Band im Prachtkleid. Auge blaßgelb bis weiß. Juv. brauner, ohne Halsband; Beine gelbbraun. **Vorkommen:** Seen und Flüsse der nordeuropäisch-asiatischen Wälder. Brutvogel vom östlichen Holstein an ostwärts; in der Lausitz; in Deutschland maximal 2000 Paare. Im Winterhalbjahr auch am Meer. JZ. **Nahrung:** Taucht nach Insekten, Krebsen, Mollusken; im Herbst Wasserpflanzen. **Fortpflanzung:** Saisonehe. Geschlechtsreif im 2. Lebensjahr. Höhlenbrüter in Bäumen, Nistkästen, Kaninchenhöhlen. Gelege 8–11 Eier. Brutdauer 29–30 Tage. Die Jungen springen mit 24–37 Stunden aus der Nesthöhle. ♀ führt sie 50 Tage; flugfähig mit 8–9 Wochen.

Zwergsäger

Mergus albellus

(Foto: Prachtkleid)

Erpel, Prachtkleid

Säger sind Entenvögel mit dünnen Schnäbeln, die an den Schnabelrändern scharfe Sägezähnchen und einen hakenförmigen Nagel haben; beides hervorragende Anpassungen an die Fischjagd. **Merkmale:** Schnabel, Beine bleigrau. Ein kleiner, entenartig wirkender Säger, dessen Erpel (♂) im Prachtkleid (XI–VI) strahlend weiß aussieht. Schwarze Bänder, Augenmaske und Rücken; Flanken grau quergewellt. Charakteristisches Flugbild (s. Grafik). ♂ im Ruhekleid (VII–X) und ♀ grau, mit rotbraunem Oberkopf und Nacken, schwarzer Augenpartie, weißen Wangen und Hals; bei juv. braun statt grau. **Verwechslung:** ♀ mit ♀ Trauerente, die aber düsterer braun ist. **Vorkommen:** Nadelwaldzone (Taiga) Eurasiens, an stehenden und langsam fließenden Gewässern. W (X–IV) an der Küste und im Binnenland. **Nahrung:** Taucht nach Fischchen. Zur Brutzeit und im Sommer nur Wasserinsekten. **Fortpflanzung:** Saisonehe. Geschlechtsreif wohl im 2. Lebensjahr. Höhlenbrüter in Bäumen, Nistkästen. Gelege 6–9 Eier. Brutdauer 26–28 Tage. Führungszeit unbekannt.

Mittelsäger
Mergus serrator

(Foto: Erpel im Prachtkleid, weißer Halsring bereits vermausert = Frühsommer!)

Erpel, Prachtkleid

Merkmale: Sägeschnabel und Beine lackrot (♂) bzw. gelbrot (♀, juv.). ♂ im Prachtkleid (X–VII): Kopf und Haube schwarzgrün schimmernd, rotes Auge, weißes Halsband über brauner, schwarz gefleckter Brust. Im Ruhekleid (VII–X) wie ♀, aber mit weißer Seitenlinie; ♀ und juv. graubraun, Kopf braun; Bauch, Kehle, Vorderhals weiß. Weißer Flügelspiegel mit schwarzer Mittellinie (s. Grafik). **Verwechslung:** ♀ und juv. leicht mit ♀ und juv. Gänsesäger. **Vorkommen:** In der borealen und Tundrazone, zirkumpolar. Südwärts bis zur deutschen Ostseeküste, Amrum und im Harzvorland (ca. 600 Brutpaare). Bevorzugt flaches Salzwasser über sandigem Grund. Tz. **Nahrung:** Taucht nach Fischchen. Auch andere Wassertiere. **Fortpflanzung:** Saisonehe, Polygamie kommt vor. Geschlechtsreif mit 2 Jahren. Bodenbrüter; Nest versteckt in dichter Vegetation, in Erdlöchern, Gebäuden. Gelege 6–12 Eier. Brutdauer 29–35 Tage. Führungszeit mindestens 2 Monate; »Kindergärten« umfassen bis zu 100 Junge und werden von 1 ♀ geführt. Stark gefährdet.

Gänsesäger
Mergus merganser

(Foto: Prachtkleid)

Erpel, Prachtkleid

Merkmale: Größer als Stockente; Sägeschnabel korallenfarben. ♂ im Prachtkleid (IX–VI) mit weißer, lachsrötlich getönter Brust und Unterseite; Rücken schwarz, Kopf grünschwarz; Auge schwarzbraun; Beine rot (Flugbild s. Grafik). ♂ im Ruhekleid (VI–X) ähnlich ♀, jedoch mit weißem Vorderflügel. ♀ hellgrau; Kopf und Hals sattbraun, scharf vom Grau des unteren Halses abgesetzt; Kehle weiß; Vorderflügel grau; Beine orange. Juv. wie ♀, aber wie ♂ im Ruhekleid mit weißem Augenstreif; Schnabel gelbbraun; Auge gelb; Beine gelbbraun bis orange. **Verwechslung:** Mit Mittelsäger; aber bei ihm geht das Braun des Halses stufenlos in das Graubraun der Brust über, die Körperfarbe ist graubraun, nicht grau. **Vorkommen:** Zirkumpolar; Taiga und im Gebirge an klaren Bächen und Seen. Brutvogel in Norddeutschland und am Alpenrand, insgesamt ca. 550 Paare. JZ. Bis zu 80 000 am unteren Lauf der Oder überwinternd. **Nahrung:** Taucht nach Fischen. Auch Frösche, Wasserinsekten, Krebse. **Fortpflanzung:** Saisonehe. Geschlechtsreif im 2. Lebensjahr. Höhlenbrüter. Normalgelege 6–13 Eier. Brutdauer 30–35 Tage. Die Jungen verlassen die Bruthöhle etwa nach 2 Tagen. Bei Gefahr transportiert das ♀ sie auf dem Rücken weg. Führungszeit des ♀ unbekannt; juv. flugfähig mit 60–70 Tagen. »Kindergärten« selten, klein. Gefährdet.

Wasserralle
Rallus aquaticus

Rallen sind an vegetationsdichte Feuchtbiotope angepaßte, tagaktive Vögel. Ihr Körper ist stark seitlich zusammengedrückt, die Wirbelsäule ist sehr beweglich und die Vorderzehen sind sehr lang. Der Schwanz ist kurz, die Flügel sind rund. **Merkmale:** Etwas größer als eine Amsel; mit langem, rotem Schnabel. Gesicht, Unterseite schiefergrau, Flanken und Unterschwanzdecken schwarz-weiß gebändert; oberseits olivbraun mit schwarzen Streifen. Juv. unterseits verwaschen braunbeige gestreift. Fliegt sehr ungern. **Verwechslung:** Alle anderen Rallen haben kurze Schnäbel. **Vorkommen:** Gemäßigtes Eurasien. Sehr heimlich in dichtester Feuchtvegetation. Brütet bis 1240 m Höhe (obere Schilfgrenze). Tz. **Nahrung:** Kleine Wasser- und Ufertiere der weichen und schlammigen Böden; Frösche, Kleinvögel, Kleinsäuger, Beeren. **Fortpflanzung:** Saisonehe. Geschlechtsreif im 2. Lebensjahr. Bodennest gut versteckt, mit Haube; meist wassernah oder im Schilf. Gelege 6–11 Eier. Brutdauer 19–21 Tage. Beide Eltern führen etwa 20–30 Tage, juv. flugfähig mit 7–8 Wochen. 1–2 Jahresbruten.

Tüpfelsumpfhuhn
Porzana porzana

Merkmale: Eine amselgroße Ralle, die im Gegensatz zur Wasserralle einen kurzen, gelblich- bzw. olivgrünen Schnabel und grüne Beine hat. Schnabelwurzel rot (♂) bis orangegelb (♀). Weitere Unterschiede: Brust düster olivgrau mit weißen Tüpfeln, braune Ohrdecken, Bauch graubräunlich, Flanken weiß-olivbraun quergebändert, Unterschwanzdecken braungelb. Juv. von VII–IX heller und blasser, ohne Grau im Gesicht; Kehle weißlich. **Verwechslung:** Keine unserer anderen Rallen mit Flankenstreifen (4 Arten) zeigt Tüpfelung; keine hat braungelbe Unterschwanzdecken. **Vorkommen:** Gemäßigtes Europa, Westsibirien. Äußerst heimlich. In Sümpfen, Naßwiesen, Gräben, Mooren, an feuchten Ufern. Z, überwintert vom Sudan bis Rhodesien, im Senegal und in den Tschad-Sümpfen. **Nahrung:** Wasser- und Schlammtiere jeglicher Größe, von Insekten und Spinnen über Egel zu Fröschen, Vögeln, Fischen und Kleinsäugern; zarte Pflanzen, Samen. **Fortpflanzung:** Saisonehe. Bodennest mit Zeltdach. Gelege 8–12 Eier. Brutdauer 18–19 Tage. Beide Eltern führen, Zeitspanne unbekannt. Juv. mit 35–42 Tagen flugfähig. Gefährdet.

Teichhuhn
Gallinula chloropus

Rallen und Sumpfhühner sind an das Leben in Sumpf und Wasser angepaßte, altertümliche, langbeinige Laufvögel. Es sind schlechte Flieger mit kurzen Flügeln und Schwänzen. Einige sind geschickte Taucher. Das Teichhuhn ist bei uns zum häufigen, vertrauten Parkvogel geworden. **Merkmale:** Schnabel und Stirnschild lackrot. Gefieder düster grauschwarz, mit dünnem weißen Flankenstrich. Beine grün, Füße ohne Lappen (s. Grafik). Der unterseits weiße Schwanz wird meist hochgestellt. Junge graubraun, mit beiger Kehle. **Verwechslung:** Junge mit jungen Bläßhühnern, denen aber die weißen Unterschwanzdecken fehlen. **Vorkommen:** Sumpfige und schlammige Uferzonen auch kleinster Binnengewässer; nahezu weltweit. Liebt dichte, üppige Vegetation. JZ. **Nahrung:** Jahreszeitliche Unterschiede. Pflanzen und Tiere der Uferzone unter und über dem Wasser, im Winter auch Gras. **Fortpflanzung:** Einehe unterschiedlicher Dauer. Nest normalerweise versteckt am Boden, in Büschen und selbst in Bäumen; in den städtischen Parks auch völlig frei stehend. Gelege 5–11 Eier. Brutdauer 17–24 Tage. Nestflüchter, die mit rund 35 Tagen flugfähig sind. Der Familienverband bleibt länger bestehen. 2 Bruten sind üblich, maximal 4.

Bläßhuhn
Fulica atra

Jungvogel

Eine an das Wasserleben und Tauchen angepaßte Ralle. Vertrauter Wintergast auf den Seen und Flüssen unserer Städte. **Merkmale:** Ein pechschwarzer Vogel mit weißem Stirnschild und Schnabel. Farbe der Lappenfüße (s. Grafik) variabel von Bleigrau bis Gelb. Auge bei Jungen braun, bei Altvögeln rot. Junge wie junge Teichhühner, aber ohne deren weiße Unterschwanzdecken (s. Grafik). **Vorkommen:** Eurasien, Australien. Stehende und langsam fließende, nahrungsreiche Gewässer von über $100 \, m^2$ Fläche mit flachen, bewachsenen Ufern; auch Parkteiche. JZ. **Nahrung:** Pflanzer und Tiere am Ufer, auf und unter Wasser. Bläßhühner können gründeln und tauchen, aufpicken und grasen. Es überwiegen Wasserpflanzen, kleine Weichtiere und Wasserinsekten. Hauptnahrung im Winterhalbjahr an vielen Plätzen die Wandermuschel, *Dreissena polymorpha*. **Fortpflanzung:** Saisonehe, evtl. länger haltend. Nest in dichter Ufervegetation im Wasser. Gelege meist 5–10 Eier. Brutdauer 22–24 Tage. Nestflüchter, die mit ca. 8 Wochen flugfähig werden; von beider Eltern geführt. Zweitbruten als Einzelfälle bekannt.

Schnepfenvögel (Watvögel bzw. Limikolen) sind langbeinige Bodenvögel meist braunen Gefieders. Ihre Schnäbel sind zum Stochern und Tasten besonders geeignet. Sie fliegen schnell und wendig und sind spatzen- bis hühnergroß. Bis auf den Mornell haben alle ein Gelege von 4 braunen »Kiebitzeiern«, das (meist) frei auf dem Boden liegt. Nestflüchter.

Austernfischer
Haematopus ostralegus

(Foto: Brutkleid)

Ruhekleid und einjähriges Brutkleid

Merkmale: Schwarz-weißes Federkleid, kräftige rote Beine und Schnabel. Ruhekleid sowie Brutkleid Einjähriger stumpf schwarz, mit weißem Halsring (s. Grafik) grauer Schnabelspitze, fleischfarbenen Beinen. Auge ab 3. Lebensjahr leuchtend rot, vorher bräunlich-orange. Juv. ohne Halsring, Auge braun, Schnabel dunkelbraun. **Vorkommen:** Küsten, küstennahes Tiefland Eurasiens. Brutvogel Nordwestdeutschlands (maximal 30 000 Paare). Auf kahlen und kurzrasigen Flächen in Wassernähe. JZ. **Nahrung:** Gräbt in weichem Schlick Muscheln aus; frißt auch Schnecken, Krebse, Ringelwürmer. Herzmuschel und Miesmuschel bilden die Hauptnahrung. Im Binnenland Regenwürmer, Insekten. **Fortpflanzung:** Lebenslange Einehe; »Scheidungsrate« nur gering (6–12%). Geschlechtsreif im 3.–5. Lebensjahr. Muldennest meist auf freiem Boden. Brutdauer 26–28 Tage. Lange Führungszeiten beider Eltern; 8–26 Wochen je nach Lernpensum der Jungen.

Kiebitz
Vanellus vanellus

Jungvogel

Unter den Watvögeln ist der Kiebitz der häufigste Binnenlandbrüter und zudem derjenige, der dem Laien am ehesten begegnen und auffallen wird. **Merkmale:** Ein taubengroßer schwarz-weißer Vogel mit breiten, runden Flügeln, der durch seinen wuchtelnden Balzflug und Revierverteidigungsflug sowie seinen Ruf »chiewitt« sofort bestimmbar ist. Er trägt einen langen Nackenschopf, sein dunkles Gefieder hat metallisch purpurnen und grünen Glanz. Bei Jungvögeln Haube kürzer, Gesichtszeichnung wie beim Winterkleid der ad weniger kontrastreich (s. Grafik). **Vorkommen:** Flache vegetationsarme bis -leere, großräumige Flächen: Wiesen, Äcker, Dünen, Brache. Z, schon in West- und Südeuropa überwinternd. **Nahrung:** Kleine Bodentiere aller Art, die durch Bodenklopfen hervorgelockt und dann aus dem Boden gebohrt oder aufgepickt werden **Fortpflanzung:** Nest in selbstgedrehter Bodenmulde Brutdauer 26–29 Tage. Nestflüchter, mit 30–42 Tagen flugfähig.
Gefährdet.

Sandregenpfeifer

Charadrius hiaticula

(Foto: Brutkleid)

Flugbild

Merkmale: Vom sehr ähnlichen Flußregenpfeifer (s.u.) unterscheidbar durch die weiße Flügelbinde (im Flug; s. Grafik), den dunklen Augenring, das Fehlen eines weißen Streifens zwischen schwarzem Stirnband und brauner Kopfplatte und im Brutkleid durch den orangegelben Schnabel mit schwarzer Spitze. Im Winterkleid sind schwarze Gesichtsmaske und Brustband braun, der Schnabel schwarz. Beine orangerot (Brutkleid) oder bräunlichrot (Winterkleid). Juv. ohne schwarze Gesichtsmaske, Brustband hell- bis dunkelbraun. Charakteristisch sind die schwarzen und rötlichgelben Endbinden der Rückenfedern und der weiße Überaugenstreif. **Vorkommen:** Strände der Nordhalbkugel. Brutvogel der Küste, Unterelbe und Unterweser (über 2500 Paare). JZ. **Nahrung:** Pickt Insekten, Ringelwürmer, Mollusken, Spinnen auf. **Fortpflanzung:** Lebenslange Einehe, »Scheidung« möglich. Nestmulde zwischen Spülsaum und Strandbewuchs, bevorzugt auf Kies- und Muschelstrand. Brutdauer 21–28 Tage. Beide Eltern führen die Jungen; flugfähig mit 3–4 Wochen. 1–2 Jahresbruten.

Flußregenpfeifer

Charadrius dubius

(Foto: Brutkleid)

Flugbild

Merkmale: Oberseits sandbraun, unterseits weiß. Etwas kleiner als der Sandregenpfeifer und von ihm unterschieden durch den gelben Augenring, den schwarzen Schnabel, einen weißen Streif zwischen schwarzem Stirnband und brauner Stirnplatte sowie das Fehlen eines weißen Flügelspiegels (s. Grafik). Beine blaß graugelblich bis bräunlich-fleischfarben. Im Winterkleid die schwarzen Bänder braun. Juv. oberseits mit rötlichgelben Federrändern; Augenring gelblichgrau; Beine bräunlichgelb; ohne weißen Fleck hinter dem Auge. **Vorkommen:** Gemäßigtes Eurasien, Südasien. Vertritt den Sandregenpfeifer im Binnenland. In Deutschland bis 6400 Paare. Auf Schotter-, Kies- und grobkörnigen Sandflächen in Wassernähe; auch in Kiesgruben, auf Abraumhalden. Z, überwintert in der Sahelzone und den Savannen Afrikas. **Nahrung:** Insekten, Spinnen. Die Regenpfeifer suchen mit Auge, Ohr und durch Bodenklopfen. **Fortpflanzung:** Saisonehe, die jedoch über Brutplatztreue erneuert werden kann. Nestmulde auf Kies-, Schotter- und Geröllböden. Brutdauer 22–28 Tage. Das ♂ führt die Jungen länger als das ♀, 34–44 Tage; flugfähig mit 24–32 Tagen. 1, seltener 2 Jahresbruten.

Seeregenpfeifer
Charadrius alexandrinus

(Foto: Brutkleid)

Ruhekleid

Jungvogel

Merkmale: Oberseits sandfarben, unterseits weiß. Ein kleiner Regenpfeifer mit nur seitlichen Brustbändern, schwarzem Schnabel und schwarzen Beinen sowie weißer Flügelbinde. ♂ Brutkleid mit isabellrötlicher Kopfplatte, schwarzem Stirnband, Augenstreif und Halsseiten; im Ruhekleid und beim ♀ sind alle diese Partien sandfarben (s. Grafik). Juv. wie ♀, aber Beine grau und oberseits Federn mit dunkelbraun/rötlichgelben Rändern. **Verwechslung:** Juv. mit juv. Fluß- und Sandregenpfeifern, die ebenfalls kein komplettes Brustband besitzen. **Vorkommen:** Warmes Eurasien, Nordafrika, Südasien. Bei uns Nordseeküste (600 Paare), Neusiedler See (40 Paare). Wärmeliebend, salzabhängig. Auf kahlen Sandstränden, Dünen, Salinen, Salzböden. Z, überwintert südlich bis Nordnigeria, Darfur. **Nahrung:** Pickt auf, stochert im nassen Boden nach Ringelwürmern, kleinen Mollusken und Krebsen; Insekten. **Fortpflanzung:** Saisonehe, mitunter langjährige Ehe. Muldennest auf möglichst pflanzenfreien Sandflächen. Brutdauer 23–29 Tage. Beide Eltern führen die Jungen rund 6 Wochen bis zum Flüggewerden.
Stark gefährdet.

Mornellregenpfeifer
Eudromias morinellus

(Foto: Brutkleid)

Der zutrauliche Mornell wurde durch Bengt Berg (1925) berühmt, in dessen Hand er brütete. **Merkmale:** Drosselgroß; schwarz eingefaßtes, schmales weißes Brustband, Brust und Rücken grau, schwärzliche Kappe, kastanienrote Unterseite, schwarzer Bauch. Breiter weißer Überaugenstreif; keine Flügelbinde; Füße mattgelb; Schnabel schwarz. Im Winterkleid (VIII–I) braungrau, mit weißer Unterseite, weißem Überaugenstreif und Brustband und gleichem melancholischen Gesichtsausdruck. Juv. oberseits dunkelbraun, mit hellgelben Federrändern; der charakteristische breite Überaugenstreif beige. **Verwechslung:** Kaum möglich. **Vorkommen:** Hochgebirge und Trockentundra Eurasiens. Dz (IV/V, VII–X), sehr seltener Brutvogel in den österreichischen Alpen, den holländischen Poldern. **Nahrung:** Insekten, Spinnen, Beeren, im südeuropäisch-nahöstlich-nordafrikanischen Winterquartier Landschnecken. **Fortpflanzung:** Saisonehe mit Vielmännerei. Muldennest in Kurzvegetation, meist Flechten. Gelege 3 Eier. Brutdauer 24–28 Tage. Das ♂ brütet und führt die Jungen 26–30 Tage (flügge). Im kurzen arktischen Sommer ist diese Arbeits- und Kräfteteilung (das ♀ legt 2–3 Gelege) lebenswichtig. Das ♀ ist zudem kräftiger. Als Brutvogel bei uns ausgestorben.

Kiebitzregenpfeifer
Pluvialis squatarola

(Foto: Ruhekleid)

Ruhekleid

Merkmale: Vom zum Verwechseln ähnlichen Goldregenpfeifer unterschieden durch im Fluge schwarze Achseln (s. Grafik), lange weiße Flügelbinde, weißen Bürzel, weiß-schwarz quergebänderten Schwanz. Im Brutkleid wie Goldregenpfeifer, aber oberseits schwarz-weiß gemustert, ohne jegliches Gelb oder Gold. Im Ruhekleid oberseits steingrau-weiß gemustert, unterseits weiß, mit streifig gefleckter Brust. Juv. von VII–III oberseits schwarz, mit breiten Federsäumen von weißgrauer, beiger und blaß goldener Farbe; Stirnansatz weiß; unterseits grauweiß; Kehle, Brust beige, mit graubrauner Längszeichnung. Der kräftige Schnabel und die Beine schwarz. **Verwechslung:** Mit Goldregenpfeifer, insbesondere die Jungvögel. **Vorkommen:** Arktische Tundra, zirkumpolar. Nichtbrütender Jahresgast an der Küste. Hauptdurchzug V–VI und ad. VII–IX, juv. IX–XI. **Nahrung:** Insekten, Beeren; außerhalb der Brutzeit Mollusken, Krebse, Würmer. **Fortpflanzung:** Saisonehe. Eintritt der Geschlechtsreife mit 2 Jahren. Muldennest auf möglichst trockener, pflanzenfreier Anhöhe. Brutdauer 27 Tage. Führungszeit bis zum Flüggewerden 35–45 Tage; das ♀ verläßt die Familie schon nach 2–3 Wochen.

Goldregenpfeifer
Pluvialis apricaria

(Foto unten links: Ruhekleid, Foto unten rechts: Brutkleid)

Ruhekleid

Merkmale: Vom sehr ähnlichen Kiebitzregenpfeifer unterschieden durch weiße Achseln (s. Grafik), braunschwarz-golden gestreifte Schwanzfedern, dunklen Bürzel und die goldgelben statt grauweißen Federsäume der Oberseite. Im Brutkleid unterseits schwarz, oberseits golden-schwarzbraun, geteilt durch den durchgehenden weißen Seitenstreif. Bei der südlichen Rasse Backen heller, Seitenstreif braun gesprenkelt. Im Ruhekleid oberseits golden-schwarzbraun gemustert; Brust hell goldgelb, mit braunen Flecken; Bauch weiß. Juv. wie Ruhekleid, aber Bauch grauer, gewellt. Schnabel und Beine schwarz. **Verwechslung:** Mit dem Kiebitzregenpfeifer, vor allem die Jungvögel. **Vorkommen:** Strauch- und Waldtundra Nordeuropas, im Westen auch auf Hochmooren. Nordische Rasse: Dz (III–V, IX–XII). Südliche Rasse: Sehr seltener Brutvogel Niedersachsens (11 Paare). Dz. **Nahrung:** Insekten, Würmer, Spinnen, Schnecken, Krebse; Beeren. **Fortpflanzung:** Zumindest Saisonehe. Geschlechtsreif mit 2 Jahren. Muldennest in Heidekraut, Flechten. Brutdauer 28–34 Tage. Führung der Jungen durch beide Eltern; flügge mit 32–33 Tagen.
Als Brutvogel bei uns vom Aussterben bedroht.

Steinwälzer
Arenaria interpres

(Foto: Brutkleid)

Schlichtkleid

Jungvogel

Merkmale: Der kräftige, kompakte Vogel sieht aus wie ein Harlekin und ist doch damit am Brutplatz vollendet getarnt. Im Brutkleid die bizarre Gesichtsmaske und Brustschild schwarz; Flügel und Rücken grob schwarz-hellrotbraun gemustert. Beine orangerot. Im Ruhekleid Kopf, Oberseite und Halsseiten kaffeebraun, mit weißen und beigen Federrändern (Flugbild s. Grafik); rundes Brustschild schwarzbraun. Beine blaß orangerot; Gesichtsmaske angedeutet. Juv. ähnlich Ruhekleid, aber mit hell rostbraunen Säumen (s. Grafik). Beine bräunlichgelb bis blaßorange. Der kräftige Kegelschnabel ist schwarz. **Verwechslung:** Nicht wahrscheinlich. **Vorkommen:** Zirkumpolar; an vegetationsfreien oder -armen kalten und arktischen Küsten, in Europa bis zur Nordküste der Ostsee. Dz (IV–VI, VII–X); W. Überwintert an den Küsten der ganzen Erde. **Nahrung:** Sehr vielseitig; Kleintiere und Abfall aller Art. Pickt, gräbt und dreht alles um (Muscheln, Steine, Pflanzen). **Fortpflanzung:** Ein- bis mehrjährige Ehe. Geschlechtsreif im 2. Lebensjahr. Bodennest. Brutdauer 21–23 Tage. Beide Eltern führen die Jungen 24–26 Tage bis zum Flüggewerden.

Großer Brachvogel
Numenius arquata

Merkmale: Sehr groß; gelb- und dunkelbraun gestreift, Bauch weiß. Vom sehr ähnlichen, kleineren Regenbrachvogel (s. S. 80) außer an der Stimme unterschieden durch das Fehlen der markanten Kopfstreifen. Der Oberkopf ist fein dunkelbraun gestreift wie das übrige Kopf- und Halsgefieder, aber bei juv. manchmal gröber gestreift. Der Schnabel ist normalerweise bedeutend länger als der des Regenbrachvogels, doch sind die Schnäbel der juv. im Herbst noch nicht ausgewachsen, so daß dieses Kennzeichen allein nicht zur Artbestimmung ausreicht: Die Schnabellänge variiert beim ad. Großen Brachvogel von 95–185 mm, beim ad. Regenbrachvogel von 61–99 mm. **Vorkommen:** Gemäßigtes Europa, Sibirien; auf Hochmooren, Heide, Flachmooren, weiten Wiesen. In Deutschland leben nur noch maximal 4400 Paare. Z. **Nahrung:** Alles vom Regenwurm bis zu Mäusen, vor allem aber Insekten. Die Nahrung wird aufgelesen, aufgepickt und aus dem weichen Boden hervorgeholt. **Fortpflanzung:** Saisonehe, die durch Brutplatztreue mehrjährig sein kann. Bodennest. Brutdauer 27–39 Tage. Meistens führt nur das ♂ die Jungen bis zum Flüggewerden mit 5 Wochen; das ♀ zieht eher ab (schon ab Juni).
Stark gefährdet.

Bekassine
Gallinago gallinago

Bekassine (Flugbild)

Doppelschnepfe (Flugbild)

Merkmale: Eine langschnäblige, drosselgroße, braune Schnepfe, die sich bis zum letzten Augenblick drückt und erst unmittelbar vor einem im Zickzackflug und rätschend auffliegt. Müde Tiere fliegen stumm auf! Flügel uniform dunkelbraun (s. Grafik); Bauch weiß, ungezeichnet. Die hellen Streifen am Oberkopf laufen in Längsrichtung, nicht wie bei der Waldschnepfe *(Scolopax rusticola)* quer (s. Grafik unten). »Meckert« beim Balzflug (= vibrierende Schwanzfedern). **Verwechslung:** Mit der seltenen (Dz) Doppelschnepfe *(G. media),* die stumm, langsam und gerade abfliegt. Ihre Bauchseiten quergebändert und deutliche Längsbänder (2 weiße fassen ein breites schwarzbraunes ein) über den ganzen Flügel (s. Grafik). **Vorkommen:** Gemäßigte und kalte Zonen der Nordhalbkugel. Dichtestes Vorkommen bei uns in Norddeutschland; Neusiedler See (12 000–18 000 Brutpaare). In Sümpfen, Gräben, nassen Wiesen. Z, südwärts bis ins tropische Afrika, Südasien überwinternd. **Nahrung:** Sondiert und bohrt mit dem sensiblen Schnabel im weichen Boden und verzehrt die Beute, ohne den Schnabel herauszuziehen. Kleine Bodentiere, Samen. **Fortpflanzung:** Saisonehe, aber mit ständigen »Seitensprüngen«. Gut im Gras verstecktes Bodennest an feuchtem Ort. Brutdauer 18–20 Tage. Beide Eltern führen die Jungen etwa 4–5 Wochen. Stark gefährdet.

Zwergschnepfe
Lymnocryptes minimus

Waldschnepfe

Merkmale: Eine lerchengroße Schnepfe, die sich extrem drückt und erst auffliegt, wenn man fast auf sie tritt. Fliegt meist stumm und fledermausartig ab. Schnabel deutlich kürzer als der anderer Schnepfen. Schwarzbraune Kopfplatte ohne gelben Scheitelstreif, aber gelb eingefaßt; 2 gelbe, breite Rückenstreifen auf dem fast schwarzen Rücken. **Verwechslung:** Bekassine, diese jedoch anders abfliegend, andere Rückenzeichnung, mit gelbem Scheitelstreif. **Vorkommen:** Moore des nördlichen Eurasien. Im hiesigen Winterquartier auf Sümpfen, Rieselfeldern, staunassen und feuchten Wiesen. Ortstreue nachgewiesen. Dz, W (Mitte VIII–Anfang V). **Nahrung:** Wenig bekannt. Kleintiere des Bodens. Samen. **Fortpflanzung:** Wahrscheinlich Saisonehe. Eintritt der Geschlechtsreife unbekannt. Den mit eigenartigem »Pferdegetrappel«-Rufen ausgeführten Balzflug hört man vor allem nachts. Erhöhtes Bodennest in feuchter bis staunasser Umgebung. Brutdauer mindestens 24 Tage; nur das ♀ brütet. Führungszeit unbekannt. 1–2 Jahresbruten.

Regenbrachvogel
Numenius phaeopus

Merkmale: Deutlich kleiner als der Große Brachvogel und mit kürzerem Schnabel. Von ihm außer an der Stimme zuverlässig nur unterscheidbar durch die 2 dunkelbraunen Kopfstreifen und den von ihnen eingeschlossenen hellbraunen Scheitelstreif. **Verwechslung:** Mit Großem Brachvogel, denn es gibt kurzschnäblige unter ihnen und Jungvögel mit angedeuteten Kopfstreifen (s. S. 76). **Vorkommen:** In Nordeuropa, Ostsibirien und Alaska, Nordkanada; auf Tundra, Hochmooren, Heide und Wiesen. Dz (VI–IX, IV–V) an den Meeresküsten. Mancher übersommert an den west- und mitteleuropäischen Küsten. Überwintert an der Westküste Afrikas. **Nahrung:** Sammelt Insekten, Krebschen, Mollusken und Würmer auf. Während der Brutzeit viele Beeren. **Fortpflanzung:** Eheverhältnisse nicht erforscht. Geschlechtsreif mit 2 Jahren. Bodennest auf leicht erhöhtem Grund. Brutdauer 26–28 Tage. Die Jungen werden von beiden Eltern 5–6 Wochen bis zum Flüggewerden geführt; die ♀ im hohen Norden ziehen bereits vorher weg.

Uferschnepfe
Limosa limosa

(Foto: Brutkleid)

Merkmale: Langbeiniger und langschnäbliger Watvogel von über Kiebitzgröße. Artkennzeichnend sind neben dem geraden Schnabel die weiße Flügelbinde und der weiße Schwanz mit breiter schwarzer Endbinde (s. Grafik Flugbild). Im Brutkleid (II–VIII) Hals und Brust rostbraun, Flanken und Bauch schwarz-weiß gebändert, Unterschwanzdecken weiß. ♀ oft mit weniger Rostbraun und weniger Flankenbänderung. Ähnlich sind Vögel im 1. Sommerkleid. Im Ruhekleid (VIII–II) ohne Rostrot und -braun; Kopf, Hals, Brust hellgrau, Rücken dunkelgrau (graubraun), Flanken weiß. **Verwechslung:** Mit Pfuhlschnepfe; im Ruhekleid mit Grünschenkel. **Vorkommen:** Im gemäßigten Europa und Westasien, im kühlen Nordostasien; in Deutschland bis zu 8000 Paare. Auf großen, freien Weiden, Flachmooren und Grassteppen. Z; überwintert an der Atlantikküste bis zum Golf von Guinea und in Westafrika ostwärts bis zur Tschad-Senke. **Nahrung:** Stochert aus weichen Böden Bodentiere aller Art; bevorzugt Regenwürmer, Schnecken, Käfer und Samen. **Fortpflanzung:** Saisonehe. Wird im 1. bzw. 2. Lebensjahr geschlechtsreif. Bodennest mit überdachenden Gräsern. Brutdauer 22–24 Tage. Die Jungen werden bis kurz nach dem Flüggewerden (mit 35 Tagen) geführt.
Stark gefährdet.

Pfuhlschnepfe
Limosa lapponica

(Foto: ♂ im Brutkleid)

Merkmale: Wichtigste Unterscheidungsmerkmale zur Uferschnepfe: der eng dunkelbraun quergebänderte Schwanz, der aufwärts gebogene Schnabel, das Fehlen der weißen Flügelbinde (s. Grafik Flugbild) und im Brutkleid (IV–VIII/X) das Fehlen der dunklen Flankenbänderung. Auch ragen die Beine nicht im Fluge über den Schwanz weit hinaus. Körper und Unterschwanzdecken beim ♂ rostbraun. ♀ hell, mit rötlichem Anflug und dunklen Flecken Hals und Nacken, Bauch weiß. Ad. Ruhekleid (VIII/X–IV) oberseits graubraun, Federsäume hell rostfarben, unterseits weiß. Juv. ähnlich ad. Ruhekleid, aber gelbgrauer. Im 1. Brutkleid meist noch nicht voll ausgefärbt; in Uferschnepfen- und Pfuhlschnepfen-Trupps meist alle Kleider und -übergänge gleichzeitig. **Verwechslung:** Mit Uferschnepfe. Im Ruhekleid mit Grünschenkel (s. S. 86); die Schnabelbasis der Pfuhlschnepfe ist matt gelb bis fleischfarben, beim Grünschenkel jedoch grau. **Vorkommen:** Arktische Moore Eurasiens und Westalaskas. Dz; in geringer Zahl übersommernd, W. **Nahrung:** Im Watt Würmer, Mollusken, Krebschen. Am Brutplatz Mückenlarven, Käfer. **Fortpflanzung:** Eheverhältnisse unbekannt. Geschlechtsreif im 2. oder 3. Lebensjahr. Muldennest auf trockenem Boden. Brutdauer 20–21 Tage. Führungszeit unbekannt.

Rotschenkel
Tringa totanus

(Foto: Brutkleid)

Merkmale: Lebhaft und laut; braun, mit roten Beinen und rotem Schnabel mit schwarzer Spitze. Im Fluge weiße Hinterflügel artkennzeichnend (s. Grafik); Rückenkeil und Bürzel weiß, Oberschwanzdecken braun quergebändert. Im Brutkleid (II–VIII) unterseits auf weißem Grund braun längsgestreift, drosselfleckig; Bauch weiß oder braun gestreift. Im Ruhekleid (VII–III) oberseits aschbraun, unterseits weiß; Brust verwaschen grau, fein braun gestrichelt. Juv. wie Ruhekleid, Flügeldecken mit rostbraunen Rändern; Schnabel blaß gelbrötlich, schwarze Spitze; Beine blasser rötlich. **Verwechslung:** Mit Dunklem Wasserläufer (s. S. 84); mit Kampfläufern, die rote Beine haben können. **Vorkommen:** Eurasien; in offenen Graslandschaften mit Wasser und feuchten Böden. JZ; überwintert südlich bis ins tropische Afrika. **Nahrung:** Würmer, Mollusken, Krebschen, Insekten. **Fortpflanzung:** Saisonehe, die durch Brutplatztreue zur langjährigen Ehe werden kann. Bodennest im hohen Gras versteckt, meist überdacht. Brutdauer 22–29 Tage. Führung der juv. bis zum Flüggewerden (27–35 Tagen); das ♀ verläßt die Familie vorher.
In Deutschland gefährdet (11 000–13 000 Paare).

Dunkler Wasserläufer
Tringa erythropus

(Foto oben: Ruhekleid,
Foto unten: Brutkleid)

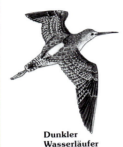

Dunkler Wasserläufer

Rotschenkel

Merkmale: Ein großer, im Brutkleid rußschwarzer, im Ruhekleid oben hellgrauer, unten weißer, schlanker Wasserläufer. Die langen Beine sind im Brutkleid dunkelrot, im Ruhekleid rot. Der feine, lange Schnabel ist schwarz, die Unterschnabelbasis rot. Der Schnabel ist vorne leicht abwärts gebogen. Ohne weiße Flügelbinde, aber mit hellen Fleckenreihen auf den Armschwingen. Rücken weiß, Oberschwanzdecken und Bürzel eng schwarzbraun quergebändert (s. Grafik Flugbild). Im Brutkleid oberseits mit weißen Tupfen (den Federrändern). Im Ruhekleid mit weißem Überaugenstreif und schwarzbraunem Zügelstreif. Juv. sattbraun, unterseits eng sattbraun gesperbert; Überaugenstreif und Zügelstreif wie im Ruhekleid. Während der Mauser ergibt sich ein buntes Bild von Übergängen. **Verwechslung:** Rote Beine haben auch Rotschenkel und viele Kampfläufer. Der Rotschenkel (s. S. 82) ist jedoch kleiner, kompakter, kurzschnäbliger und hat – artkennzeichnend – weiße Hinterflügel. Auch läuft der weiße Rücken spitz, nicht rund zu (vgl. Grafiken Flugbild). Unterseits ist er niemals quergebändert (wie juv. Dunkle Wasserläufer), sondern in den Brutkleidern an Kehle, Hals und Brust auf weißem Grunde längs braun gebändert und mit dreieckigen Drosselflecken betupft. Juv sind unterseits weiß, ihre Schnabelbasis ist gelblich, nicht rot wie beim Dunklen Wasserläufer. Kampfläufer haben kurze, kräftigere, an der Spitze leich abwärts gebogene, meist dunkel hornfarbige Schnäbel; im Ruhekleid bilden die großen, braunen Federn der Oberseite mit ihren breiten, hellen Säumen ein unverwechselbares Dreiecksmuster. **Vorkommen:** Bewohnt die Tundren Eurasiens, meidet geschlossenen Baumbewuchs. Außerhalb der Brutzeit am Wasser und auf weichen Böden (Watt, Rieselfelder). Dz (III–V, VI–XI) und Übersommerer. Überwintert südwärts bis West- und Ostafrika. **Nahrung:** Schwimmt und gründelt gerne bei der Nahrungssuche oder sucht Nahrung watend im seichten Wasser. Greift die Beute: Wasserinsekten, Krebschen, Mollusken, Würmer, Fische bis maximal 7 cm Länge, Amphibien. **Fortpflanzung:** Eheverhältnisse und Eintritt der Geschlechtsreife unbekannt. Vielmännerei ist beschrieben. Offenes Bodennest. Brutdauer und Führungszeit durch das ♂ unbekannt. Die ♀ ziehen früh ab, spätestens kurz nach dem Schlüpfen der Jungen.

Grünschenkel
Tringa nebularia

(Foto: Brutkleid)

Merkmale: Ein lebhafter, schlanker, langbeiniger Wasserläufer, so groß wie der Dunkle Wasserläufer. Der kräftige, grauschwarze Schnabel ist leicht aufgeworfen. Die langen Beine sind olivgrün bis gelbgrün, die Flügel einheitlich dunkel graubraun, ohne Flügelbinde. Hinterrücken und Bürzel weiß (wie Pfuhlschnepfe, Dunkler Wasserläufer, Rotschenkel; s. Grafik Flugbild). Im Brutkleid (II–IX) oberseits bräunlichgrau bis schwarzbraun, Schulterfedern und Flügeldecken mit weißem Rand, unterseits weiß; Kopf, Kehle, Brust schwarzbraun gestreift bzw. getupft. Im Ruhekleid (VII–IV; wegen der langen Mauserzeiten sieht man monatelang alle Übergänge) oben grau, unten weiß; feine Bruststreifung; Stirn, Wangen weiß. Juv. vorderseits mit verwaschen grauer Fleckung. **Verwechslung:** Dunkler Wasserläufer, Kampfläufer. **Vorkommen:** Waldtundra, offene Taiga und Moore im kalten Eurasien. Dz (IV–V, Mitte VI–X); überwintert südwärts bis zum Kap. **Nahrung:** Greift auf möglichst feuchtem Boden und im Flachwasser Würmer, Mollusken, Krebse, Fische, Insekten, Amphibien. Bildet Gewölle. **Fortpflanzung:** Saisonehe oder Dauerehe; Bigamie nachgewiesen. Offenes Bodennest. Brutdauer 23–25 Tage. Führung der Jungen über das Flüggewerden hinaus, mindestens 25 Tage.

Flußuferläufer
Actitis hypoleucos

Merkmale: Ein kurzbeiniger, kleiner Wasserläufer von Lerchengröße; vornehmlich im Binnenland; meist Einzelgänger. Der weiße Keil, der von der weißen Unterseite her vor dem Flügelbug sich hochschiebt, ist artkennzeichnend. Ebenso das ständige Wippen mit dem Hinterteil und das flache Abfliegen vor dem Beobachter. Oberseite kontrastlos dunkelbraun (Federränder schwarzbraun); Kehle und Brust graubraun, scharf abgesetzt. Schnabel dunkel hornfarben; Beine graugrün bis gelbgrün. Schwanzseiten, Flügelbinde weiß (s. Grafik Flugbild). **Verwechslung:** Wald- und Bruchwasserläufer (s. S. 88). **Vorkommen:** In Europa außer Island, im kalten und gemäßigten Asien; im Binnenland an Flüssen mit Schotter-, Kies- und Sandbänken. Z; südlich bis zum Kap. Außerhalb der Brutzeit an allen Süßwasserufern. **Nahrung:** Schnappt und liest Insekten, Wasserspinnen, Krebschen auf; Regenwürmer, Amphibien. **Fortpflanzung:** Eheverhältnisse, Eintritt der Geschlechtsreife unbekannt. Gut verstecktes Bodennest in Flußnähe. Brutdauer 21–22 Tage. Jungenführung 26–27 Tage.

Gefährdet, in Deutschland maximal 600 Paare.

Waldwasserläufer
Tringa ochropus

Die Unterscheidung von Waldwasserläufer und Bruchwasserläufer (s. u.) gehört zum Schwierigsten, was es in unserer Vogelwelt gibt. **Merkmale:** Starengroß; Bürzel, Unterseite weiß, Oberseite dunkel schieferbraun und ohne Flügelabzeichen; Schnabel schwärzlich, mit olivfarbener Wurzel. Wippt wie Flußuferläufer mit Hinterteil. Vom Bruchwasserläufer unterschieden durch <u>dunkle</u> Unterflügel, fehlende Flankenzeichnung (s. Grafik Flugbild), bleigraue Beine mit grünlichen Gelenken und nur 3–4 kräftige, schwarzbraune Querbinden auf dem Schwanz. Im Brutkleid sind oberseits die Reihen der feinen, hellen Tupfen am kräftigsten; ein schwarzer Strich vor dem weiß gerahmten Auge. Beine relativ kürzer, Schnabel länger als beim Bruchwasserläufer. Der Überaugenstreif fehlt im Ruhekleid und bei juv. Einzelgänger. **Verwechslung:** Mit Flußuferläufer. **Vorkommen:** An Waldseen und Waldsümpfen der Nadelwaldzone Eurasiens; seltener Brutvogel Norddeutschlands, maximal 320 Paare. Dz und W. **Nahrung:** Insekten, Krebschen, Fischchen, Mollusken, Egel. **Fortpflanzung:** Saisonehe. Eintritt der Geschlechtsreife unbekannt. Brütet in meist vorjährigen Drosselnestern, bis maximal 27 m Höhe. Brutdauer 20–23 Tage. Flugtüchtig mit rund 4 Wochen, Führungszeit rund 28 Tage. ♀ verläßt die Familie vorzeitig.

Bruchwasserläufer
Tringa glareola

Merkmale: Starengroß; Bürzel, Unterseite weiß; Oberseite dunkelbraun und ohne Flügelabzeichen; Schnabel schwärzlich, mit olivfarbener Wurzel. Vom Waldwasserläufer unterschieden durch <u>helle</u> Unterflügel, einen kräftigen, weißen Überaugenstreif, dunkle Flankenzeichnung (s. Grafik Flugbild). Die Beinfarbe variiert von Gelboliv, Oliv bis Braunoliv, mit grauen Gelenken; oft aber schlammüberzogen und dann schwarzgrün wie beim Waldwasserläufer. Im Brutkleid Oberseite mit großen, weißen Spitzenflecken, im Ruhekleid nur mit schmalen hellen Säumen; bei juv. hingegen rostfarbene Randflecken. Schwanz mit 5–8 dunklen Querbinden. Gesellig. **Vorkommen:** Hochmoore mit offenem Wasser in der Tundra und Taiga Eurasiens. Gelegentlicher Brutvogel Norddeutschlands. Z; überwintert im tropischen Afrika. **Nahrung:** Insekten, Krebschen, Fischchen, Mollusken. **Fortpflanzung:** Eheverhältnisse und Eintritt der Geschlechtsreife unbekannt. Gut verstecktes Bodennest auf meist nassem Untergrund oder in einem Drittel der Fälle in vorjährigen Drosselnestern. Brutdauer 22–23 Tage, Führungszeit rund 30 Tage.

Knutt
Calidris canutus

(Foto: Jungvogel)

Ruhekleid

Merkmale: Gesellig. Ein kräftiger, untersetzter Strandläufer, gut drosselgroß, kurzhalsig, mit kurzem, geradem, schwarzem Schnabel. Im Brutkleid oberseits schwarz mit rostbraunen Federsäumen; Kopf und Unterseite gelblichorange; Beine schwarzgrün. Im Ruhekleid oberseits aschgrau, unterseits weiß, mit leichter grauer Streifung an Brust und Flankenfleckung; Beine graugrün. Im Fluge (s. Grafik) mit weißer Flügelbinde und grau gesprenkeltem, hellen Bürzel und Schwanz. Juv. wie Ruhekleid, mit beigen Flanken und oberseits aschbraunen Federn mit dunklem Mittelstrich und schwarz-weißen Säumen; Vorderrücken und Schultern aschbraun; Beine olivgelb (Foto!). **Verwechslung:** Im Brutkleid mit Sichelstrandläufer, der aber kleiner, schlanker, hochbeiniger ist und einen gekrümmten Schnabel hat. **Vorkommen:** Brutvogel der Arktis. Zahlreicher Dz (V–X), vor allem an der Nordseeküste; Übersommerer im Watt. Überwintert südwärts bis zum Kap. **Nahrung:** Bohren im Watt und in weichen Strandböden nach Mollusken und Krebschen. Im Brutgebiet Insekten, Spinnen und Samen. **Fortpflanzung:** Saisonehe. Frühestens im 3. Kalenderjahr geschlechtsreif. Offenes Bodennest. Brutdauer 21–22 Tage. Führungszeit der Jungen 18–20 Tage; flügge mit rund 18 Tagen.

Meerstrandläufer
Calidris maritima

(Foto: Ruhekleid)

Ruhekleid

Merkmale: Plump, halslos, mit kräftigem krummen Schnabel; starengroß. Schnabel orangefarben, mit grauoliv-schwarzbraunem Vorderteil; leicht abwärts gekrümmt. Die kurzen Beine im Brutkleid gelbrot, im Ruhekleid und bei juv. stumpf gelblich bis braungelblich. Bürzel schwarz, mit weißen Seiten (s. Grafik); Schwanz dunkelgrau. Im Ruhekleid (unsere Herbst- und Wintergäste) oberseits schwarzgrau, nur im Brutkleid (ab IV) mit weißlichen bis rostbraunen Federsäumen. Kopf, Hals und Brust schwarzgrau; Kehle, Bauch weiß. Im Brutkleid über dem Grau von Oberkopf, Brust und Hals braune Streifen und Flecken; Flanken schwarzbraun gefleckt. Unterflügeldecken und Achseln weiß. **Vorkommen:** Brutvogel der Arktis, des skandinavischen Fjälls, Islands. Dz, W (IX–V) an felsigen, steinigen Küsten. **Nahrung:** In der steinigen Brandungszone Mollusken, Asseln, Krebse und Insekten aufpickend und abmeißelnd. Am Brutplatz vor allem Insekten, Spinnen, Pflanzliches, z. B. Algen und Samen. **Fortpflanzung:** Einehe, Dauer unbekannt. Eintritt der Geschlechtsreife, Führungszeit der Jungen unbekannt. Offenes Bodennest. Brutdauer 21–22 Tage; flügge mit rund 25 Tagen.

Zwergstrandläufer
Calidris minuta

(Foto: Brutkleid)

Bürzelgegend und Schwanz

Mit Temminckstrandläufer (s.u.) unsere kleinste Limikole; nur rotkehlchengroß und schwer voneinander zu unterscheiden. **Merkmale:** Gesellig. Unterseits weiß; Beine und Schnabel schwarz. Wichtiges Unterscheidungsmerkmal gegenüber dem Temminck sind die grauen Schwanzaußenfedern (s. Grafik). Fliegt flach ab. Auf dem Herbstzug (VII–X) sieht man vor allem Jungvögel: Sie sind (wie im Brutkleid) oberseits schwarzbraun, mit breiten weißen und braunen Federsäumen. Das weiße V auf dem Rücken ist bei juv. besonders ausgeprägt. Im Ruhekleid oberseits grau, dunklere Federzentren. **Vorkommen:** Brutvogel der arktischen Tundren und Küsten Eurasiens, westwärts bis zum Varangerfjord. Dz (V–VI, VII–X), einzeln und in kleinen Trupps. Überwintert südwärts bis zum Kap. **Nahrung:** Insekten, Würmer, kleine Schnecken, Krebschen, Samen. **Fortpflanzung:** Bodenbrüter. Das ♀ legt 2 Gelege; das erste wird vom 1. ♂, das des zweiten ♂ vom ♀ bebrütet. Brutdauer 20–21 Tage. Führungszeit unbekannt.

Temminckstrandläufer
Calidris temminckii

(Foto: Brutkleid)

Bürzelgegend und Schwanz

Merkmale: Sehr ähnlich Zwergstrandläufer (s. o.). Beine und Schnabel grünlicholiv, braungelb, olivbraun, aber im Schlamm oft schwarz überzogen. Wichtigstes Unterscheidungsmerkmal gegenüber dem Zwergstrandläufer sind die weißen Schwanzaußenfedern (s. Grafik). Steiles und bekassinenähnliches Abfliegen. Auf dem Herbstzug sieht man vor allem Jungvögel (VII–X): Sie sind oberseits eintönig braungrau, die Federn mit dunklem Mittelstrich und dunkelbraun/hell rostfarbenen Säumen, Hals und Brust verwaschen bräunlichgrau. Das Brutkleid zeigt oberseits 2 Federarten: graubraune und schwarzbraune mit ockerfarbenem Rand. Im Sommer und Herbst haben die Altvögel oberseits schon graue Winterfedern eingemischt. Im Ruhekleid oberseits grau, die Federn konturlos, die Brust grau getönt. **Vorkommen:** Tundra und Waldtundra Eurasiens, im skandinavischen Fjäll. Dz (IV–V, VII–X), einzeln und in kleinen Trupps, auch an kleinsten Schlammtümpeln. Überwintert südwärts bis zum Golf von Guinea und Uganda. **Nahrung:** Insekten, Würmer, kleine Mollusken, Krebschen, Samen. **Fortpflanzung:** Bodenbrüter. Das ♀ legt 2 Gelege und verpaart sich dabei zweimal. Das 1. ♂ bebrütet das 1. Gelege, das 2. Gelege bebrütet das ♀. Das 1. ♂ wird dann 2. ♂ eines anderen ♀. Diese Doppelbruten ermöglichen die volle Nutzung des sehr kurzen arktischen Sommers. Brutdauer 19–38 Tage. Führungszeit bis 18 Tage.

Alpenstrandläufer
Calidris alpina

(Foto oben links: ad. Brutkleid, Foto oben rechts: Jungvögel und Ruhekleid)

Merkmale: Starengroß; mit schwarzem Bauchschild (im Brutkleid). Bei Mauser ins Ruhekleid scheckiges Aussehen (VIII–Anfang XI). Im Frühjahr erste Brutkleider Mitte III; bis Mitte V 90% im Brutkleid: Rücken schwarz, mit breiten, rostbraunen Federsäumen; Hals, Brust auf Weiß braunschwarz gestreift. Juv. ähnlich Brutkleid, aber Grundfarbe von Hals und Vorderbrust grau, unterseits weiß. Ruhekleid oberseits graubraun, die Federn mit feinem, dunklem Mittelstrich; unterseits weiß; Hals und Brustseiten grau, mit braunen Strichen; weißer Überaugenstreif; Schnabel und Beine schwarz; Schnabel abwärts gebogen. **Verwechslung:** Mit dem gleichgroßen, langbeinigen Sichelstrandläufer; dieser jedoch mit weißem Bürzel (s. Grafiken). **Vorkommen:** Zirkumpolar in feuchter Gras- und Moostundra; Norddeutsche Tiefebene, auf nassen Weiden. Dz; W an Ostsee und Atlantikküste, südwärts bis Gambia. Sehr gesellig. Zur Zugzeit unser häufigster Watvogel. **Nahrung:** Meereswürmer, Mollusken, Krebschen, Insekten. **Fortpflanzung:** Saisonehe; manche ♀ haben mit anderem ♂ eine 2. Brut. Im Grase gut verstecktes Bodennest. Brutdauer 20–22 Tage. Führungszeit 19–20 Tage, das ♀ zieht aber schon nach 6–10 Tagen ab.
Bei uns vom Aussterben bedroht (max. 75 Brutpaare).

Sichelstrandläufer
Calidris ferruginea

(Foto: Jungvogel)

Merkmale: Hochbeinig, schlank; starengroß. Bürzel weiß, Schwanz graubraun (vgl. Grafik). Im Normalfall ist der schwarze Schnabel etwas länger und gebogener (ohne »Knick«) als beim Alpenstrandläufer. Beine schwarz. Im Brutkleid (IV–VII) gebogener Schnabel und kastanienrotes Gefieder unverwechselbar; im frischen Brutkleid unterseits weiße Quersäume. Oberseite schwarzbraun, rostbraun gezeichnet. Im Ruhekleid (IX–III) oberseits graubraun, unterseits weiß, Vorderbrust beigegrau gestreift. Auf dem Herbstzug (VII–IX) überwiegend Übergangskleider und juv. Letztere oberseits graubraun, mit hellbeigen Federsäumen; Brustseiten ockergelb überflogen, Bauch weiß; breiter weißer Überaugenstreif. **Verwechslung:** Mit Alpenstrandläufer und Knutt (s. o. und S. 92). **Vorkommen:** Arktische Tundra Sibiriens. Dz (IV–V spärlich, VII–X). Überwintert vorwiegend auf der Südhalbkugel. Bevorzugt Schlickwatt. **Nahrung:** Mollusken, Insekten, Würmer, Krebschen, Samen. **Fortpflanzung:** Saisonehe. Geschlechtsreif mit 2 Jahren. Bodennest. Brutdauer unbekannt. Nur das ♀ brütet und führt die Jungen, verläßt sie aber vor dem Flüggewerden.

Sanderling
Crocethia alba

(Foto: Jugendkleid)

Ruhekleid

Merkmale: Lerchengroß, weiß und kugelrund. Beine und kurzer gerader Schnabel schwarz. Im weißen Ruhekleid (VIII–IV/V) oberseits hellgrau, breite weiße Flügelbinde, schwarzer, weiß gefaßter Bürzel. Handschwingen dunkelgraubraun (s.Grafik). Im Brutkleid (IV/V–VII) Oberseite, Brust, Hals, Kopf hell rostbraun und dunkelbraun, mit weißen Federspitzen; Kinn, Schnabelansatz, Unterseite weiß. **Verwechslung:** Im Ruhekleid mit dem dunkler grauen Alpenstrandläufer, dessen Schnabel länger und geknickt ist. **Vorkommen:** Zirkumpolarer Brutvogel der arktischen Flechtentundra. Jahresgast an der Nordsee, anderswo geringer Dz auf Sandwatt, Sandstränden. **Nahrung:** Im Wellenbereich der Sandstrände »rollt« er schnell hin und her und pickt Insekten auf, im Sandwatt auch Würmer, Mollusken; ferner Aas. **Fortpflanzung:** Wie beim Temminck legt das ♀ 2 Gelege mit 2 ♂, das erste bebrütet das 1. ♂, das zweite das ♀. Brutdauer 24–32 Tage. Führungszeit rund 17 Tage und flügge mit ca. 17 Tagen.

Kampfläufer
Philomachus pugnax

(Foto: links ♂, rechts ♀, beide im Brutkleid)

Weibchen, Ruhekleid

Taubengroß, ♀ kleiner als ♂. Im Brutkleid ♂ mit Perücke und Halskrause (II/IV–VI/VII), jedes sieht anders aus (vgl. auch Foto S.1). ♀ Brutkleid oberseits braun mit großem, schwarzem Rauten-Muster. Brust blaßbraun bis braunschwarz, Flanken meist blaß bräunlich, Bauch und Unterschwanzdecken weiß. Im Ruhekleid beide oberseits weibchenfarben; Hals, Brust und Flanken hell gräulichbraun. Jungvögel wie ad. Ruhekleid, aber Federsäume rostgelb; unterseits rostgelb bis ockerfarben. Im Fluge Schwanz weiß, Mittelsteg und Endbinde schwarz (s.Grafik). Beine dunkeloliv bis schwarz bei juv., Einjährigen; orangefarben bis gelb bei ad. Schweigsam. **Verwechslung:** Mit Rotschenkel, doch dieser mit weißen Hinterflügeln, Rücken und Bürzel. **Vorkommen:** Nasse Wiesen, Heiden, Moore, Tundren des nördlichen Eurasiens. In Deutschland höchstens 250 Paare. Z; überwintert in Afrika von der Sahelzone bis zum Kap. **Nahrung:** Kleintiere, Fischchen, Frösche; Samen. **Fortpflanzung:** Die Hähne balzen in Gruppen auf Balzböden, die jedes Jahr wieder bezogen werden. Die ♀ suchen sich dort einen Hahn aus und lassen sich begatten. Dominante Hähne begatten mehr ♀ als rangtiefe Hähne, die ♀ lassen sich auch von verschiedenen Hähnen begatten. Bodennest mit Haube in Gräsern. Das ♀ brütet 20–23 Tage und führt die Jungen 7–27 Tage. Flugfähig mit 25–27 Tagen.
In Deutschland vom Aussterben bedroht.

Säbelschnäbler
Recurvirostra avosetta

Merkmale: Krähengroß. Unser elegantester Watvogel. Ein schwarz-weißer Vogel mit überlangen, blaugrauen Beinen und zartem, aufwärts gebogenem, langen Schnabel. Bei juv. sind die schwarzen Partien dunkelbraun, die Einzelfedern haben hellrostbraune Spitzensäume. Beim ♂ ist das Auge rot oder rotbraun, beim ♀ braun. **Verwechslung:** Der Stelzenläufer hat geraden Schnabel und andere Schwarz-Weiß-Verteilung. Das sieht man sehr schön auch im Fluge (s. Grafiken). **Vorkommen:** In den Steppen und Wüsten des gemäßigten und mediterranen Eurasiens, lokal auch in Afrika. In Mitteleuropa außendeichs an Nord- und Ostsee (20 000 Paare, davon 6900 in Deutschland) und am Neusiedler See (ca. 400 Paare). Vom Salzwasser abhängig und wärmeliebend. Z; überwintert südwärts bis zur Linie Gambia–Tschadsee. **Nahrung:** Mit leicht geöffnetem Schnabel wird der Schlick seitwärts durchsäbelt; dabei werden Borstenwürmer, Krebse und Insektenlarven gefangen. Pickt auch auf und rührt im Wasser, fängt dabei Mollusken, Fische, Insekten. **Fortpflanzung:** Saisonehe. Eintritt der Geschlechtsreife mit 2 Jahren. Offenes Muldennest in Wassernähe auf meist freiem Boden. Brütet in Kolonien. Brutdauer 23–28 Tage. Führungszeit der Jungen bis zum Flüggewerden 32–42 Tage.

Stelzenläufer
Himantopus himantopus

Merkmale: Ein sehr schlanker, grazilier Watvogel auf überlangen, roten Stelzbeinen; taubengroß. Schnabel schwarz, Auge dunkelrot. Beim ♂ sind Flügel und Schultern schwarz, beim ♀ und juv. im 1. Winterkleid schwarzbraun; sonst weiß. Beim ♂ können im Brutkleid Hinterkopf und Hinterhals schwarz sein. Juv. oberseits sepiabraun, Beine rotgrau bis dunkelrot. **Verwechslung:** Der Säbelschnäbler hat einen gebogenen Schnabel und bleigraue Beine. Die Schwarz-Weiß-Verteilung ist anders, vgl. vor allem auch die verschiedenen Flugbilder (s. Grafik). **Vorkommen:** Brutvogel an Lagunen, Verlandungswässern aller Art in offener Landschaft Südeuropas, Zentral- und Südasiens, Afrikas. Bei uns gelegentlicher Sommergast. Bevorzugt Süßwasser und Wärme. **Nahrung:** Wasserinsekten, Krebse, Amphibien, Fische. **Fortpflanzung:** Einehe, Geschlechtsreif ab 3. Jahr. Dauer der Jungenführung 2 Monate. Bodennest im oder am seichten Wasser. Brutdauer 22–24 Tage. Die juv. sind mit 28–32 Tagen flugfähig.

Odinshühnchen
Phalaropus lobatus

(Foto: ♀ Brutkleid)

Ruhekleid

Gewandter Schwimmvogel, der korkenartig auf den Wellen tanzt. Die ♀ sind bunter, werben um die ♂ und überlassen ihnen das Brutgeschäft. **Merkmale:** Höchstens starengroß; mit Lappenfüßen; nadelfeiner Schnabel schwarz. Brutkleid: ♀ oberseits schwarz mit etwas hellbraun, ♂ schwarzbraun mit meist gelben Federrändern; Kinn, Kehle, Bauch weiß, Vorderbrust mit rostfarbenem Latz; Backen dunkelgrau. Das weiß-graue Ruhekleid ist ganz anders: Stirn weiß, Oberkopf grau, schwarzer Augen-Ohr-Streif leicht rechtwinklig abgeknickt (s. Grafik); oberseits dunkel schiefergrau mit weißen Federsäumen; Junge mit rostbraunen Federsäumen. **Verwechslung:** Mit Thorshühnchen (s. u.). **Vorkommen:** Tundren der Nordhalbkugel. Überwintert auf den tropischen Meeren. Dz in geringer Zahl (V–VI, VII–XI, Maximum VII/IX). **Nahrung:** Am Brutplatz und auf dem Durchzug Insekten, Krebschen, Spinnen, Mollusken. Größere Planktonkrebse der Ozeane. **Fortpflanzung:** Kurze Einehe bis zur Eiablage. ♀ nimmt oftmals 2. ♂ für eine zweite Brut. ♂ verpaart sich bei Gelegeverlust sofort wieder. Bodennester. Brutdauer 17–21 Tage. Führungszeit 2 Wochen; flugfähig nach 18–20 Tagen. Das ♂ führt die Jungen.

Thorshühnchen
Phalaropus fulicarius

(Foto: ♀ Brutkleid)

Ruhekleid

Lebensweise wie Odinshühnchen. **Merkmale:** Brutkleid: Backen weiß, Körper kastanienbraun. ♂ mit braungescheckter, ♀ mit schwarzer Kopfplatte. Schnabel gelb, mit schwarzer Spitze. Rücken schwarzbraun, hell rostbraune Federsäume. ♂ blasser. Ruhekleid grau-weiß; Schnabel schwarz, kräftiger und höher als der nadelfeine des Odinshühnchens; Stirn und vordere Kopfplatte weiß, hintere schwarzgrau. Markanter Augen-Ohr-Streif nicht abgeknickt wie beim Odinshühnchen (s. Grafik). Junge oberseits mit rostbraunen Federsäumen, im 1. WK noch Jugendkleidreste an Schulter und Nacken. **Verwechslung:** Mit Odinshühnchen (s. o.). **Vorkommen:** Arktis, zirkumpolar. Überwintert auf den Meeren der Südhalbkugel. Sehr seltener Dz an der Küste. **Nahrung:** Am Brutplatz und auf dem Durchzug Insekten, Krebschen, Spinnen, Mollusken und Fischchen. Kleinere Planktonkrebschen der Ozeane. **Fortpflanzung:** Kurze Einehe bis zur Eiablage. ♀ oftmals dann 2. ♂ für eine zweite Brut nehmend. ♂ verpaart sich bei Gelegeverlust sofort wieder. Bodennester. Brutdauer 18–19 Tage. Führungszeit bis zum Flüggewerden 16–18 Tage. Das ♂ führt die Jungen.

Mantelmöwe
Larus marinus

(Foto: Brutkleid)

1. Winterkleid

Merkmale: Fast gänsegroß (größer als Herings- und Silbermöwe). Auge ockergelb, Artkennzeichnend jedoch nur die Kombination von (grau) fleischfarbenen Beinen mit schwarzem Mantel und ausgedehntem weißem Feld an der Spitze der 1. und 2. Handschwinge. Im WK Kopf und Genick leicht bräunlichgrau gestrichelt. Die braunen juv. sind relativ leicht von denen der Herings- und Silbermöwe zu unterscheiden: Im 1. WK Oberseite weißlich gesäumt und dadurch Oberseite schachbrettartig schwarzbraun-weißlich gemustert; Schwanz weiß, mit breiter schwarzbrauner Endbinde und einigen schmalen Vorbinden (s. Grafik); Schnabel fleischfarben/schwarz; Unterseite hell. Im 2. WK Kopf, Nacken weißgrau, leicht gestreift; Schwanz weiß, mit schmaler schwarzbrauner Endbinde. Im 3. WK Gefieder wie ad., aber noch braune Streifen im Mantel und Schnabel weißlich bis olivgelb, mit schwarzer Spitze. **Vorkommen:** Küsten des Nordatlantik, der Ostsee. Dz, W. **Nahrung:** Allesfresser. **Fortpflanzung:** Dauerehe, »Scheidung« möglich. Geschlechtsreif mit 4 Jahren. Einzel- und Koloniebrüter. Großes Bodennest. Gelege 2–3 Eier. Brutdauer 26–28 Tage. Platzhocker, Eltern füttern ca. 50 Tage, flugfähig mit 8 Wochen.

Heringsmöwe
Larus fuscus

(Foto: Brutkleid)

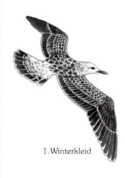

1. Winterkleid

Merkmale: Bussardgroß; meist kleiner als Mantelmöwe und mit <u>gelben</u> Beinen. Mantel schwarz (skandinavische Rasse) bzw. dunkel schiefergrau (westeuropäische Rasse). Auge blaß schwefelgelb. Die schwarzen Handschwingen ohne oder mit kleinen weißen Spitzen (»Sternchen«); weißes Fenster in der 1. Handschwinge. Im WK Kopf, Hinterhals dunkelbraun längsgefleckt. Die braunen juv. im 1. WK von gleichaltrigen Silbermöwen schwer, im 2.–4. WK wegen des dunklen Rückens gut zu unterscheiden (s. S. 104). Beine fleischfarben, was im 3. und 4. WK mit Mantelmöwen verwechseln läßt. Im 1. WK sind die Großen Armdecken gleich dunkel und kontrastlos gefärbt wie die Armschwingen (s. Grafik). Im 1. WK der Silbermöwe sind diese Armdecken hell/dunkel gebändert und die inneren Handschwingen sind aufgehellt, einen hellen Spiegel bildend (s. Grafik S. 104). **Vorkommen:** West- und Nordeuropa. Dz und G an der Küste, nicht selten. Z; überwintert in Afrika und in Südwestasien, selten bei uns. **Nahrung:** Fische, daneben auch Allesfresser. **Fortpflanzung:** Dauerehe, »Scheidung« möglich. Geschlechtsreif mit 3–5 Jahren. Koloniebrüter. Bodennest. Gelege 2–3 Eier. Brutdauer 24–28 Tage. Platzhocker, flügge mit etwa 32 Tagen.

Silbermöwe
Larus argentatus

(Foto oben links: Brutkleid,
Foto oben rechts: juv./1.WK
im Fluge)

1. Winterkleid

Merkmale: Bussardgroß. Beine fleischfarben; Mantel hell blaugrau; schwarze Handschwingen mit weißen Fenstern und Spitzen, leicht verschleißend. Im Ruhekleid Kopf, Hals graubraun längsgefleckt; Auge blaßgelb. Juv. im 1.WK schwer von gleichaltrigen Heringsmöwen unterscheidbar (s.S.102 und Grafiken); Schnabel schwarz, mit fleischfarbener Wurzel; Gefieder braun; Beine dunkel fleischfarben; Auge braun. Im 2.WK aufgehellt, Rücken blaugrau; Auge heller, bei gleichaltrigen Heringsmöwen hellbraun. Im 3.WK fast wie ad., aber noch Braun im Mantel und Reste der schwarzbraunen Schwanzendbinde; Schnabel hell, hornbraunes Band hinter Nasenlöchern. **Vorkommen:** West- und Nordeuropa, Nordamerika. Häufig. An Küsten, am Unterlauf großer Flüsse. St, W. **Nahrung:** Allesfresser; Hauptnahrung Herzmuschel, Strandkrabbe. **Fortpflanzung:** Dauerehe, »Scheidung« möglich. Geschlechtsreif mit 3-5 Jahren. Koloniebrüter; Bodennest mit 3 Eiern. Brutdauer 25-27 Tage. Platzhocker, flügge mit 6-8 Wochen, selbständig mit 8-9 Wochen.

Gelbfuß-silbermöwe
Larus cachinnans

(Foto unten: Brutkleid, kleines
Foto: juv./1.WK im Fluge)

1. Winterkleid

Merkmale: Sehr ähnlich Silbermöwe, aber Beine gelb, Auge bräunlichgelb, mit orangerotem Augenlid. Handschwingen länger, ihr Schwarz ist ausgedehnter und erreicht noch die 6.(7.) Handschwinge (bei Silbermöwe nur bis zur 4.(5.) gehend); weiße Spitzen leicht abwetzend. Ruhekleid: Kopf und Hals weiß! Juv. im 1.WK von gleichaltrigen Silber- und Heringsmöwen (s. Grafiken) durch farbliche Zwischenstellung unterschieden: Kopf, Nacken, Unterseite weiß (wenig gezeichnet), Schnabel schwarz; im Flügel die inneren Handschwingen etwas aufgehellt, aber keinen hellen Spiegel bildend, Große Armdecken mit breitem hellen Rand, nicht kontrastreich wie Silbermöwe und nicht einfarbig wie Heringsmöwe; Schwanzendbinde scharf abgesetzt. Im 2.-3.WK etwas schneller möwenblau werdend als Silbermöwe; Kopf ganz weiß; Beine im 1.-2.WK blaß fleischfarben, bei 3jährigen hell rosa bis fahlgelb. Auge dunkelbraun (1.WK), aufhellend zu hell gelblichbraun. **Vorkommen:** Schweiz (160 Paare), deutsches Binnenland (ca. 40), Südeuropa, Nordafrika, Azoren, Madeira Tz. Gelbfüßige Silbermöwen in Zentralasien, Baltikum, Finnland, Nordwestrußland sind nicht artgleich. **Nahrung:** Allesfresser. **Fortpflanzung:** Geschlechtsreife und Eheverhältnisse unbekannt. Koloniebrüter. Gelege 2-3 Eier. Brutdauer 27-31 Tage. Platzhocker, flügge mit 5 Wochen, selbständig mit 6-8 Wochen.

Eismöwe
Larus hyperboreus

(Foto: Brutkleid)

1. Winterkleid

Merkmale: Mantelmöwengroß. Handschwingen weißspitzig; Mantel hellgrau. Beine fleischfarben, selten grau; Auge hellgelb, Augenlid gelb; Schnabel wie bei anderen Großmöwen gelb und mit rotem Fleck. Im WK Kopf, Hals und Brust graubraun gestreift. Juv. im 1. WK hell rahmbraun, fein gestrichelt, Handschwingen ungestrichelt (s. Grafik); Auge schwarzbraun, Beine fleischfarben; Schnabel hell fleischfarben, mit schwarzer Spitze. Im 2. WK fast reinweiß; in der Nähe ist die sparsame Braunstreifung sowie die oft beige Tönung der Unterseite erkennbar; Auge hell graugrün oder gelblichweiß, mitunter noch braun; Schnabel wie 1. WK. Im 3. WK wie ad., aber rahmbraune Streifen im Gefieder; Schnabel gräulich bis gelblich-hornfarben, diffuses schwarzes Band vorne. **Verwechslung:** Mit Polarmöwe (s. u.). **Vorkommen:** Arktis, zirkumpolar. W in geringer Zahl (IX–IV) an der Küste. **Nahrung:** Allesfresser. Zur Brutzeit kleine Vögel und Jungvögel, Lemminge, Aas, Mollusken, Krebse, Fische. **Fortpflanzung:** Wahrscheinlich Dauerehe. Eintritt der Geschlechtsreife mit 3–5 Jahren. Einzel- und Koloniebrüter auf Klippen und in hohen Steilwänden; in Seevogelkolonien immer in den oberen Etagen. Kompaktes Nest. Gelege 2–3 Eier. Brutdauer 27–28 Tage. Nesthocker, flügge mit 49–50 Tagen, selbständig einige Tage danach.

Polarmöwe
Larus glaucoides

(Foto: Brutkleid)

1. Winterkleid

Merkmale: Knapp silbermöwengroß. Freundlicherer Gesichtsausdruck durch zentralere Augenstellung als andere Großmöwen. Kopf rund, hochstirnig; Schnabel gelb, mit rotem Fleck, aber kurz und hakenlos. Mantel hellgrau, Handschwingen weißspitzig. Beine gräulich dunkel fleischfarben; Auge gelb, Augenlid rötlich. Jugendkleider wie Eismöwe, aber im 1. WK graubrauner, feiner gemustert, auch die Handschwingen (s. Grafik); Schwanz deutlich quergebändert (bei Eismöwen längsgefleckt); hintere Hälfte des Schnabels bräunlich, hornfarben, nicht hell fleischfarben; das Schwarz der Schnabelspitze erreicht das Nasenloch. Im 3. WK Schnabel hellgrau bis hell gelblichgrau, mit schmalem schwarzen Band vorne. **Verwechslung:** Mit Eismöwe. **Vorkommen:** Brutvogel Grönlands und Baffinlands. Tz. Überwintert auf Island, in kleiner Zahl im Norden Großbritanniens und Irlands. Sehr seltener W an unserer Nordseeküste, doch alljährlich. **Nahrung:** Fische; Krebse, Muscheln, Aas, Beeren, Samen. **Fortpflanzung:** Koloniebrüter in Felswänden. Gelege 2–3 Eier. Brutdauer rund 28 Tage. Nesthocker, Zeitspanne unbekannt.

Sturmmöwe
Larus canus

(Foto: Brutkleid)

Altvogel, Winterkleid

Merkmale: Mittelgroß; mit braunen Augen, gelbgrünen Beinen und Schnabel (ohne roten Fleck). WK Oberkopf, Nacken mit graubraunen Strichen (s. Grafik), Schnabel blasser, oft mit schmalem, schwarzem Ring. Im 1. WK dunkelbraun, aber bereits möwenblauer Mantel wie ad.; arttypisch weißer Schwanz mit breiter, schwarzer Endbinde, gelblich-fleischfarbener Schnabel mit brauner Spitze und bläulich-fleischfarbene Beine. Unterseite weißlich. Im 2. WK wie ad., doch Handschwingen noch dunkelbraun, ebenso der vordere Handflügel bis zum Gelenk; 2 kleine weiße Spiegel auf 1. und 2. Handschwinge; Kopf und Nacken kräftig braun gefleckt. **Vorkommen:** Kühle Zonen der Nordhalbkugel. Nach der Lachmöwe die nächsthäufige Binnenlandmöwe, aber vornehmlich Küstenvogel. In Deutschland maximal 20 000 Brutpaare. JZ. **Nahrung:** Alle Arten von Bodentieren bis zur Größe von Wühlmäusen, Fröschen und Jungvögeln. Aas, menschliche Abfälle. **Fortpflanzung:** Saisonehe. Geschlechtsreif mit 3 Jahren. Koloniebrüter; bevorzugt den westlichen Ostseeraum. Siedelt auch im Binnenland in Mooren und auf Brachland. Bodennest mit 2–3 Eiern. Brutdauer 24–29 Tage. Führungszeit bis zum Flüggewerden 5 Wochen.

Schwarzkopfmöwe
Larus melanocephalus

(Foto: Brutkleid)

1. Winterkleid

Merkmale: Lachmöwengroß. Im Brutkleid schwarzköpfig, Schwingen reinweiß; Beine blutrot, bei 1jährigen rötlichbraun, bei 2jährigen blaßrot oder blutrot. Der hohe, kräftige Schnabel bei ad. einfarbig blutrot, bei 2- und 3jährigen mit schwarzer Binde, bei alten ♂ mit gelber Spitze. 2- und 3jährige haben zudem schwarze Felder auf den weißen Handschwingen, sonst wie ad. gefärbt. Im WK wie Lachmöwe ohne Kappe. Juv. wie juv. Lachmöwe, aber schwarze Handschwingen (kein weißes Dreieck), schwärzlicher Augenstreif bis zum Ohr, schwarz-weiße »Jalousie«streifung auf Hinterflügel; die Oberseitenzeichnung ist bräunlich-dunkelgrau (nicht rotbräunlich); unterseits weiß, schwarze Schwanzendbinde. Im 1. WK ähnlich gleichaltriger Lachmöwe, aber Handflügel schwarzbraun; Schnabel und Beine schwärzlich (s. Grafik). **Vorkommen:** Salzwasser-Flachküsten des Balkans, Südrußlands, Kleinasiens. Wärmeliebend. Einzelbruten in Mitteleuropa in Lachmöwenkolonien. **Nahrung:** Insekten, Mollusken, Fischchen. **Fortpflanzung:** Eheverhältnisse, Jungenführung unbekannt. Geschlechtsreif mit 2–3 Jahren. Koloniebrüter. Bodennest. Gelege 3 Eier. Brutdauer ca. 23–24 Tage. Flügge mit 35–40 Tagen.

Lachmöwe
Larus ridibundus

(Foto oben: Winterkleid, Foto unten links: Brutkleid)

1. Winterkleid

Die geringe Scheu und die große Anpassungsfähigkeit haben ihr seit 1902 ermöglicht, die Nahrungsquellen unserer Städte – schwimmende Abfälle und Fütterung durch Menschen – in steigendem Umfange allwinterlich zu nutzen. Vertrauter und häufiger Wintergast unserer Städte (97 % aller Stadtmöwen sind Lachmöwen).
Merkmale: Eine typische Möwe mit schwarzen Flügelspitzen und artkennzeichnendem weißen Flügelvorderrand im Fluge (Foto unten links). Im WK weiß, mit dunklem Hinterohrfleck (Foto oben); im Brutkleid Kopf schokoladenbraun, mit weißem Augenring; Schnabel und Beine tiefrot. Juv. mit brauner Fleckung im Flügel und am Hinterkopf und einer schwarzen Schwanzendbinde; Schnabel dunkel, Beine fleischfarben. Im 1.WK noch Braun im Flügel, die Handschwingen mit großem weißen Fenster, schwarze Schwanzendbinde; Schnabel heller, mit dunkelbrauner Spitze (vgl. Grafik Flugbild).
Vorkommen: Brutvogel nahrungsreicher Binnengewässer von Island bis Kamtschatka. Außerhalb der Brutzeit an allen Gewässern, an der Küste und in Städten. JZ. **Nahrung:** Kleintiere aller Art, Mäuse, menschliche Abfälle. **Fortpflanzung:** Saisonehe. Geschlechtsreif mit 3 Jahren. Koloniebrüter auf geschützten Inseln. Bodennest mit meist 3 Eiern. Brutdauer 21–27, Nestlingszeit 2–3 Tage, mit 5 Wochen flügge.

Zwergmöwe
Larus minutus

(Foto unten rechts: Brutkleid)

1. Winterkleid

Merkmale: Klein, mit schwarzen statt weißen Unterflügeln; Flügel oben ohne Schwarz. Kopf im Brutkleid (IV–VIII) schwarz, Schnabel dunkelrot. Im WK (VIII–III) Kopf weiß, Scheitel, Ohrgegend schwarzgrau, Schnabel schwärzlich. Juv. mit weißen Unterflügeln, schwarzer Schwanzendbinde, aber von juv. Lachmöwen unterschieden durch das M-förmige Band auf Flügel und Rücken, das Braun des Rückens abgrenzend. Im 1.WK ähnlich 1.WK Dreizehenmöwe, aber mit hellem Nakken und hellgrauem Hinterkopf (s.Grafik Flugbild). Im 1.Sommerkleid (IV–VIII) schwarze Kappe weiß untermischt, Unterflügel noch weiß (!), schwarze Schwanzendbinde, dunkelbraunes Flügelband. **Verwechslung:** Ad. mit Lachmöwe, diese aber mit weißem Flügelbug und Unterflügel. Juv. mit juv. Dreizehenmöwe (s.S. 112).
Vorkommen: Brutvogel Hollands, Finnlands, des Baltikums, Osteuropas, Sibiriens. Dz, G. **Nahrung:** Insekten; Krebschen, Mollusken und Fischchen. **Fortpflanzung:** Saisonehe. Geschlechtsreif mit 3 Jahren. Koloniebrüter. Bodennest mit 2–3 Eiern. Brutdauer 23–28 Tage. Führungszeit bis zum Flüggewerden 21–24 Tage.

Dreizehenmöwe
Rissa tridactyla

(Foto: Brutkleid)

1. Winterkleid

Merkmale: Eine mittelgroße Hochseemöwe mit schwarzen Beinen und gelbem Schnabel. Auge dunkelbraun. Schwarze Flügelspitzen ohne weiße Fenster. Im WK mit grauen »Ohrschützern« und grauem Hinterscheitel. Juv., 1.WK oberseits grau, mit ∧-förmigem, schwarzbraunem Band im Flügel, schmaler schwarzer Nackenbinde, braunschwarzer Schwanzendbinde; unterseits weiß, Schnabel schwarz (s. Grafik). Im 1. Sommerkleid Schnabel grüngelb, mit brauner Spitze; Beine braun; Gefieder intermediär, Schwanz weiß, dunkelgraues Nackenband. **Verwechslung:** Juv. mit juv. Zwergmöwe, doch diese mit braunen Vorderflügeln und Rücken und ohne das scharf abgesetzte, schwarze Nackenband, auch wesentlich kleiner (s. Grafik S. 110). **Vorkommen:** Brutvogel der steilen Felsküsten der kalten und arktischen Meere; auch auf Helgoland. G, Küste. **Nahrung:** Auf den Meeren pelagische Tiere fischend, vor allem Krebse. **Fortpflanzung:** Dauerehe, »Scheidungen« kommen aber vor. Geschlechtsreif mit 3–5 Jahren. Brütet an Steilfelsen und an Gebäuden in Kolonien, bis zu 250000 Paaren stark. Solides Nest mit 2–3 Eiern. Brutdauer 27–28 Tage. Nesthocker, flügge mit rund 1 Monat.
Brutvogel bei uns nur auf Helgoland, 7500 Paare.

Raub-seeschwalbe
Sterna caspia

(Foto: Brutkleid)

Jungvogel

Merkmale: Kräftig, fast silbermöwengroß; Handschwingen unterseits dunkel. Der gewaltige Schnabel rot, mit brauner Binde; Beine schwarz; Schwanz nur schwach gekerbt. Im Ruhekleid (ab VII–I/III) Stirn weiß; Scheitel schwarz, weißpunktig. Juv. wie ad. Ruhekleid, oberseits braun gefleckt, Schwanzende braun (s. Grafik Flugbild); Schnabel orange, Spitze braun. **Vorkommen:** Brütet an salzigen Binnengewässern, Sandküsten, auf Schären; zerstreut, aber fast weltweit. In Europa Brutvogel der Küsten und Inseln der Ostsee nördlich und östlich Bornholms. Z; überwintert in Afrika, Südasien. **Nahrung:** Jagt stoßtauchend (10 cm lange) Fische. Zur Brutzeit gelegentlich Jungvögel und Eier. Bildet Gewölle. **Fortpflanzung:** Dauerehe wahrscheinlich. Geschlechtsreif ab 3 Jahren. Einzel- und Koloniebrüter; Muldennest auf Inseln und Strand. Gelege 2–3 Eier. Brutdauer 20–25 Tage. Flügge mit 5 Wochen; Familie hält länger zusammen und zieht gemeinsam ins Winterquartier, doch sieht man auch ein Elter mit 1 oder 2 Kindern ziehen. Die Jungen bleiben im Winterquartier, bis sie 3jährig werden.
Vom Aussterben bedroht.

Trauer-seeschwalbe
Chlidonias nigra

(Foto: Brutkleid)

Jungvogel

Merkmale: Amselgroß, schlank; lange, spitze Flügel oberseits dunkelgrau, unterseits hellgrau (im Brutkleid) oder weiß (im Ruhekleid). Schnabel schwarz, Beine schwarzrot. Im Brutkleid (III–VIII) beim ♂ Körper, Kopf schwarz, Unterschwanzdecken weiß. ♀ heller, oberseits bläulichgrau, unterseits schiefergrau. Die Mauser ins Ruhekleid beginnt bereits im Juni: weißfleckige Gesichter. Im Ruhekleid (IX–III) und 1. Sommerkleid Kopf, Körper weiß, aber mit großem schwarzem Nakken-, Ohren-, Brustseitenfleck; oberseits grau. Juv. wie Ruhekleid, aber oberseits dunkelbraun (s. Grafik), Beine bräunlich-fleischfarben. **Verwechslung:** Mit Weißflügelseeschwalbe (s. u.). **Vorkommen:** Brutvogel auf Süßwasser des gemäßigten Eurasiens, Nordamerikas. Brutvogel der Norddeutschen Tiefebene (bis zu 900 Paare), Südböhmen. Z; überwintert im tropischen Afrika. Dz. **Nahrung:** Insekten; auch Würmer, Kaulquappen. **Fortpflanzung:** Saisonehe. Geschlechtsreif mit 2 Jahren. Koloniebrüter; Schwimmnest in Wasserpflanzenrasen. Gelege 2–3 Eier. Brutdauer 20–23 Tage. Flügge mit 3 Wochen, Führungszeit wesentlich länger.
Vom Aussterben bedroht.

Weißflügel-seeschwalbe
Chlidonias leucopterus

(Foto: Übergangskleid)

Jungvogel

Merkmale Wie Trauerseeschwalbe (s. o.), aber Körper, Rücken und Unterflügeldecken schwarz. Weiß sind Flügelbug, Hinterkörper, Schwanz, grau und weiß die Unterseite der Schwingenfedern. Flügel oberseits grauweiß. Beine länger als bei der Trauerseeschwalbe, rot; Schnabel schwarzrot. Im Ruhe- und Jugendkleid Flügel hellgrau, ohne Brustseitenfleck, Stirn weiß, schwarzer Scheitel, weiß durchsetzt, der schwarze Ohr-Augen-Zügel vom Scheitel getrennt (bei Trauerseeschwalbe verbunden); Schnabel, Beine schwarz. Im Ruhekleid Rücken grau, im Jugendkleid dunkelbraun (s. Grafik). **Verwechslung:** Mit Trauerseeschwalbe; mit der seltenen Weißbartseeschwalbe, *Ch. hybridus,* diese aber im Brutkleid mit weißer Backe, dunkelgrauem Unterkörper, weißen Unterflügeln, hellgrauer Oberseite. **Vorkommen:** Brutvogel der Süßgewässer von Südosteuropa bis Südsibirien. Z; überwintert in Afrika, Südasien, Australien. **Nahrung:** Insekten und kleine Fische; auch Spinnen, Fröschchen, Krebse, Kaulquappen. **Fortpflanzung:** Saisonehe. Geschlechtsreif mit 2 Jahren. Koloniebrüter; Schwimmnest in Wasserpflanzen oder Nest im Flachwasser. Gelege 2–3 Eier. Brutdauer 18–22 Tage. Flügge mit 3½ Wochen, Fütterungszeit etwa 10 Tage länger.

Lachseeschwalbe
Gelochelidon nilotica

(Foto: Brutkleid)

Jungvogel

Merkmale: Lachmöwengroß, gedrungen, Schwanz schwach gegabelt; Schnabel und Beine schwarz. Im Ruhekleid (VII–III/IV) oberseits fast weiß; auch Nacken weiß, mit zerstreuten schwarzen Punkten; Augen-Ohr-Zügel schwarzgrau. Juv. oberseits hellgrau, Rücken braun gestrichelt, Flügel und Schwanzende mit wenigen braunen Tupfen; Scheitel, Augen-Ohr-Gegend bräunlich, Stirn weißlich; Schnabel, Beine rötlichbraun (s. Grafik). Im 1. Winterkleid wie ad. Ruhekleid, aber Handschwingen und -decken dunkel und Schwanzspitzen noch bräunlich. 1. Sommerkleid wie ad. Brutkleid, doch Federspitzen der schwarzen Kappe weiß. **Verwechslung:** Mit Brandseeschwalbe; diese aber schlanker, kleiner, mit gelber Schnabelspitze; deren juv. auch auf Flügeln und stark gegabeltem Schwanz kräftig braun gestreift. **Vorkommen:** Zerstreut, fast weltweit. In Europa nur noch 2500 Brutpaare, davon 50 in Nordwestdeutschland. Unsteter Brutvogel der Nordseeküste; DZ, Z; überwintert in den Grassteppen Afrikas. **Nahrung:** Flugjäger über Land: Insekten, Kleinsäuger, Jungvögel, Frösche, Eidechsen. **Fortpflanzung:** Mehrjährige Ehe, monogam. Geschlechtsreif mit 4–5 Jahren. Koloniebrüter. Gelege 2–3 Eier. Brutdauer 22–23 Tage. Nestflüchter. Flügge mit 35 Tagen; Familie zieht gemeinsam ins Winterquartier. Stark gefährdet.

Brandseeschwalbe
Sterna sandvicensis

(Foto: Brutkleid)

Jungvogel

Merkmale: Lachmöwengroß, schlank, Schwanz tief gegabelt; Schnabel und Beine schwarz, Schnabel aber mit gelber Spitze; Nackenschopf! Im Ruhekleid (ab VI–III) Stirn weiß, Kappe weißgrau, schwarz gesprenkelt, Augen-Ohr-Gegend grau. Bei juv. Rücken, Flügeldecken, Schwanz dicht schwarzbraun auf Hellgrau gestreift; Kopfkappe schwarz, mit gelbbraunen Säumen; Schnabel ohne gelbe Spitze (s. Grafik). 1. Sommerkleid wie ad. Ruhekleid. **Verwechslung:** Mit Lachseeschwalbe, vor allem juv., doch Ausdehnung und Intensität des Brauns auf Flügel und Schwanz eindeutige Kennzeichen. **Vorkommen:** Fischreiche Meeresküsten mit klarem Wasser; Nordwesteuropa, Südosten der USA, Schwarzes Meer, Kaspisee, Tunesien. In Deutschland ca. 10 000 Paare. Z; überwintert an den Küsten der Tropen und Subtropen. **Nahrung:** Jagt stoßtauchend Fische. **Fortpflanzung:** Saisonehe. Geschlechtsreif mit 3 Jahren. Koloniebrüter; Muldennest auf Sand, Kurzgras, Steinboden. Gelege 1–2 (3) Eier. Brutdauer 20–24 Tage. Flügge mit 35 Tagen, Familie bleibt länger zusammen. In Vorwarnliste.

Flußseeschwalbe
Sterna hirundo

(Foto: Brutkleid)

Jungvogel

Merkmale: Fluß- und Küstenseeschwalbe sind leicht verwechselbar. Die Flußseeschwalbe hat aber längere rote Beine, ihre Schwanzspieße ragen im Sitzen nicht über die Spitzen der Flügel hinaus. Im Fluge wirkt die Oberseite grauer, die Flügel nicht durchscheinend. Im Brutkleid Schnabel orangerot, mit schwarzer Spitze, im Ruhekleid schwärzlich, mit roter Wurzel, zudem Stirn weiß. Juv. ähnlich Ruhekleid, Rücken, Schultern braun gebändert (s. Grafik), im 1. Sommerkleid wie Ruhekleid, mit schwarzem Schnabel. **Verwechslung:** Juv. mit juv. Küstenseeschwalbe (s. Grafiken). **Vorkommen:** Brutvogel des gemäßigten Eurasiens und Nordamerikas. Brutvogel an Nord- und Ostsee und am Süßwasser, in Deutschland ca. 13 000 Paare. Z; überwintert an südlichen Küsten bis Kapstadt, Patagonien, Australien. **Nahrung:** Stoßtauchen nach Fischchen, Krebsen. **Fortpflanzung:** Saisonehe. Geschlechtsreif mit 2 Jahren. Einzel- und Koloniebrüter; Muldennest auf Sand, Kies, Kurzgras. Gelege 2–3 Eier. Brutdauer 21–30 Tage. Flügge mit etwa 4 Wochen, Familie hält länger zusammen.

Küstenseeschwalbe
Sterna paradisaea

(Foto: Brutkleid)

Jungvogel

Merkmale: Küsten- und Flußseeschwalbe sind leicht verwechselbar. Die Küstenseeschwalbe hat aber einen blutroten Schnabel ohne schwarze Spitze (nur wenige Tiere haben sie im Frühjahr), kürzere rote Beine, ihre Schwanzspieße überragen im Sitzen die gefalteten Flügelspitzen; der Handschwingen-Hinterrand unterseits scharf schwarz abgesetzt, bei Flußseeschwalbe diffuser und etwas breiter. Im Ruhekleid Beine, Schnabel schwärzlich, Stirn weiß. Im Fluge wirken die Flügel durchscheinend. Juv. nicht leicht von juv. Flußseeschwalben unterscheidbar (s. Grafiken); im 1. Sommer und 2. Winter in den antarktischen Gewässern bleibend. **Verwechslung:** Beide Arten mit der Rosenseeschwalbe, die im Brutkleid hohe rote Beine und schwarzen Schnabel mit roter Wurzel hat, fast weiß wirkt, mit sehr langen Schwanzspießen (s. S. 120). **Vorkommen:** Brutvogel der kalten und arktischen Nordhalbkugel. Brutvogel an Nord- und Ostsee, in Deutschland ca. 6500 Paare. Z, Rekordwanderer; überwintert in den antarktischen Gewässern. **Nahrung:** Stoßtauchen nach Fischchen, Krebsen, Kopffüßern. In der Antarktis Krill. **Fortpflanzung:** Saisonehe. Geschlechtsreif mit 3 Jahren. Koloniebrüter in Küstennähe; Bodennest mit 2–3 Eiern. Brutdauer 20–22 Tage. Platzhocker, flügge mit etwa 3–4 Wochen, Familie bleibt länger zusammen.

Zwergseeschwalbe
Sterna albifrons

(Foto: Brutkleid)

Jungvogel

Merkmale: Kleinste Seeschwalbe, mauerseglergroß. Im Brutkleid (IV–IX) die einzige Art mit weißer Stirn und schwarzem Zügel. Schnabel gelb, Spitze schwarz, Beine gelb. Äußere Handschwingen schwarz, gut kontrastierend. Im Ruhekleid (VIII–IV) Scheitel dunkelbraun und weiß, das Weiß der Stirn ausgedehnter; Schnabel schwarz, evtl. gelbe Wurzel. Juv. Stirn rahmfarben, Scheitel schwarz auf braun gestreift; Rücken, Schulter rahmfarben, schwarze Federsäume (s. Grafik); Schwanz, Bürzel grau; Beine braungelb, Schnabel braun, gelbe Wurzel. Im 1. Sommerkleid ähnlich Ruhekleid, mit weißem Nackenring. **Vorkommen:** Brutvogel sandiger Küsten, Binnengewässer, fast weltweit in gemäßigten und warmen Zonen. In Deutschland nur noch ca. 750 Brutpaare an den Meeresstränden. Z; überwintert an der Küste Westafrikas. **Nahrung:** Stoßtauchen nach Fischen, Krebsen; fängt Insekten. **Fortpflanzung:** Saisonehe als Regel. Geschlechtsreif mit 2–3 Jahren. Koloniebrüter; Muldennest auf Sandstrand. Gelege 2–3 Eier. Brutdauer 19–22 Tage. Flügge mit 19–22 Tagen, Familie bleibt länger zusammen. Stark gefährdet.

Rosenseeschwalbe
Sterna dougallii

(Foto: Ruhekleid)

Jungvogel, 1. Ruhekleid

Merkmale: Silbergrau bis weiß; zierlicher schwarzer Schnabel, im Brutkleid mit roter Wurzel; hohe lackrote Beine; sehr lange Schwanzspieße, die im Stehen deutlich die zusammengefalteten Flügel überragen. Juv. mit schwarzbrauner Stirn und Kopfkappe, der bräunliche Rücken grob geschuppt, Flügelhinterrand weiß, Beine schwarz (s. Grafik). **Verwechslung:** Mit ad. Fluß- und Küstenseeschwalbe (s. S. 118), aber das nahezu weiße Gefieder der ad. Rosenseeschwalbe ohne jegliche dunkle Stelle; ihre noch grazilere Gestalt und überraschend harten Rufe machen eine Bestimmung eindeutig. Juv. mit juv. Brandseeschwalbe, doch der weiße Flügelhinterrand und die dunkle Stirn artkennzeichnend. **Vorkommen:** Weltweit in Tropen, Subtropen. Brutvogel Islands, Großbritanniens, der Bretagne, gelegentlich in Camargue und Ebrodelta. Z., seltener Sommergast an der Nordseeküste, leicht übersehen. **Nahrung:** Fische bis 15 g Gewicht. **Fortpflanzung:** Geschlechtsreif mit 4 Jahren, einige früher. Saisonehe. Koloniebrüter; Bodennest mit 1–3 Eiern. Brutdauer 22–31 Tage. Flügge mit 22–27 Tagen, aber futterabhängig für 10 Wochen. Familien ziehen gemeinsam ins Winterquartier, auch dort werden juv. noch gefüttert. Als Brutvogel bei uns ausgestorben oder verschollen.

Alken sind extrem ans Wasserleben angepaßte Verwandte der Schnepfen- und Möwenvögel. Ihr ungemein dichtes, isolierendes Gefieder ist hervorragend tarnfarben: nach unten weiß, nach oben dunkel.

Tordalk
Alca torda

(Foto: Brutkleid)

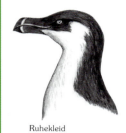

Ruhekleid

Merkmale: Entengroß. Ein gedrungener, schwarz-weißer Alk mit hohem, klobigem Schnabel mit weißer Mittelbinde. Eine schmale, weiße Linie verläuft vom Oberschnabel zum Auge. Im Ruhekleid Kinn und Wangen ebenfalls weiß, die weiße Oberschnabellinie fehlt (s. Grafik). Juv. mit etwas kleinerem, rein schwarzem Schnabel. An Land aufrecht watschelnd. **Verwechslung:** Der Schnabel der Lummen ist spitz, nicht hoch und rund. **Vorkommen:** Brutvogel der Vogelfelsen des kalten Nordatlantik, der Ostsee; auch auf Helgoland (8 Paare). W, Küste. **Nahrung:** Gewandter Unterwasserjäger auf Fische; Krebse. **Fortpflanzung:** Dauerehe wahrscheinlich. Geschlechtsreif mit 2–3 Jahren. Koloniebrüter in kleinen Kolonien. Gelege 1 Ei; in Spalten und Nischen der Meeresfelsen auf blankem Boden abgelegt. Brutdauer 32–39 Tage. Nesthocker. Ab dem 16.(–23.) Lebenstag segelt das Junge spätabends aufs Meer hinab, wo die Eltern warten und es längere Zeit führen.

Trottellumme
Uria aalge

(Foto: Brutkleid)

Ruhekleid

Merkmale: Stockentengroß. Ein schwarzbraun-weißer Alk mit spitzem Dolchschnabel ohne Abzeichen; Flanken gestreift. Im Ruhekleid (VIII/X–III) auch Kehle, Wangen weiß, mit schwarzer Linie vom Auge zum Ohr (s. Grafik). Im hohen Norden gibt es eine Varietät, die Ringellumme, bei der dieser Strich und der Augenring weiß sind (s. Foto). Juv. wie ad. im Ruhekleid, Flanken kaum gestreift, mitunter bis Ende nächsten Sommers getragen. **Verwechslung:** Die arktische Dickschnabellumme, *U. lomvia*, kommt bei uns praktisch nicht vor; diese mit weißem Längsstrich an der Schnabelwurzel und ungestreiften Flanken. **Vorkommen:** Brutvogel hoher Felsenküsten der gemäßigten und kalten Nordmeere; Brutfelsen bis 400 m hoch! Brutvogel auf Helgoland (2600 Paare). St. **Nahrung:** Unterwasserjäger auf Fische und Krebse. **Fortpflanzung:** Lebenslange Ehe. Eintritt der Geschlechtsreife mit (2–)3 Jahren. Koloniebrüter auf Felsenetagen. Gelege 1 Ei; auf nacktem Fels liegend. Brutdauer 28–36 Tage. Im Alter von 18–25 Tagen springen die juv. aufs Meer herab, wo die Eltern sie erwarten und sie längere Zeit führen.

Gryllteiste
Cepphus grylle

(Foto: Brutkleid)

Ruhekleid

Merkmale: Taubengroß. Ein im Brutkleid (III–IX/X) schwarzer Alkenvogel mit großem weißen Flügelschild und lackroten Beinen. Fliegt rapide schwirrend. Im Ruhekleid (ca. IX/X–III) weiß, mit hellgrauer Streifung auf Rücken, Schultern; Flügelschild wie Brutkleid; Scheitel, Hinterhals, offener Halsring grau (s. Grafik). Juv. ähnlich Ruhekleid, aber Grau durch Dunkelgraubraun ersetzt, das weiße Flügelschild braunschwarz quergestreift, unterseits dunkelbraun gebändert. Im 1. Sommerkleid ähnlich Ruhekleid, Kopf durch weiße Federn grau wirkend. **Vorkommen:** Brutvogel arktischer und kalter Küsten der Nordhalbkugel, südwärts bis Estland, Kattegatt und den Belt. W auf Nord- und Ostsee, selten. **Nahrung:** Unterwasserjäger auf Fische und Krebse. **Fortpflanzung:** Lebenslange Ehe, aber »Scheidung« möglich. Geschlechtsreif mit 3 Jahren. Einzel- und Koloniebrüter; Höhlenbrüter, meist in Felsspalten, auch weiter landeinwärts. Gelege 2 Eier; auf nacktem Boden liegend. Brutdauer 21–30 Tage. Nesthocker; mit 36–40 Tagen ausfliegend. Sofort unabhängig von den Eltern.

Papageitaucher
Fratercula arctica

(Foto: Brutkleid)

Ruhekleid
2–3jährig

Merkmale: Der Harlekin unter unseren Seevögeln: aufrecht stehend, im »Frack«. Vor dem hellgrauen, schwarz gerahmten Gesicht sitzt der große, graublau, gelb und rot gefärbte Papageienschnabel. Die Höhe und die Anzahl der Rillen des Schnabels läßt das Alter erkennen: 1jährig keine oder eine, 2- und 3jährig zwei, 4- und 5jährig drei, über 5 Jahre alt vier Rillen. Im Ruhekleid (bis I/II) Schnabel durch Abwurf bunter Hornteile kleiner und schmaler, innerster Teil und Gesicht dunkelgrau (s. Grafik). Bei juv. Schnabel halb so hoch, dunkel graubraun. **Vorkommen:** Brutvogel der gemäßigten bis arktischen Küsten des Nordatlantik. Seltener G an Nord- und Ostseeküste. **Nahrung:** Unterwasserjäger auf Fische; selten anderes Meeresgetier. **Fortpflanzung:** Lebenslange Ehe, Scheidungsrate etwa 8 %. Geschlechtsreif mit 4 Jahren. Koloniebrüter im Torf- und Erdreich der Küstenhänge. Gräbt die Bruthöhle mit langem Tunnel selbst, den Schnabel als »Axt« gebrauchend. Gelege 1 Ei. Brutdauer 40–43 Tage. Nesthocker; fliegt mit 38–51 Tagen spätabends aufs Meer hinab, nachdem die Eltern ihn ein paar Tage haben hungern lassen. Sofort unabhängig.
Brütete bis 1830 in 2–3 Paaren auf Helgoland.

Register

Deutsche Namen

Alpenstrandläufer 94
Austernfischer 68

Baßtölpel 20
Bekassine 78
Bergente 54
Bläßgans 38
Bläßhuhn 66
Brachvogel,
 Großer 76
Brandgans 42
Brandseeschwalbe 116
Bruchwasserläufer 88

Dickschnabellumme 122
Doppelschnepfe 78
Dreizehenmöwe 112
Dunkler Wasserläufer 84

Eiderente 56
Eisente 56
Eismöwe 106
Eissturmvogel 20
Eistaucher 14

Fischreiher 24
Flußregenpfeifer 70
Flußseeschwalbe 118
Flußuferläufer 86

Gänsesäger 62
Gelbfußsilbermöwe 104
Gelbschnabel-Eistaucher 14
Goldregenpfeifer 74
Graugans 36
Graureiher 24
Großer Brachvogel 76
Grünschenkel 86
Gryllteiste 124

Haubentaucher 14
Heringsmöwe 102
Höckerschwan 32

Kampfläufer 96
Kanadagans 42
Kiebitz 68
Kiebitzregenpfeifer 74
Knäkente 48
Knutt 90
Kolbenente 52
Kormoran 22
Krähenscharbe 22
Krickente 48
Küstenseeschwalbe 118
Kuhreiher 28
Kurzschnabelgans 38

Lachmöwe 110
Lachseeschwalbe 116
Löffelente 46
Löffler 32

Mantelmöwe 102
Meerstrandläufer 90
Mittelsäger 62
Moorente 52
Mornellregenpfeifer 72

Nachtreiher 28

Odinshühnchen 100
Ohrentaucher 16

Papageitaucher 124
Pfeifente 44
Pfuhlschnepfe 82
Polarmöwe 106
Prachttaucher 12
Purpurreiher 24

Rallenreiher 28
Raubseeschwalbe 112
Regenbrachvogel 80
Reiherente 54
Ringelgans 40
Rohrdommel 30
Rosenseeschwalbe 120
Rothalstaucher 16
Rotschenkel 82

Saatgans 36
Säbelschnäbler 98

Samtente 58
Sanderling 96
Sandregenpfeifer 70
Schellente 60
Schnatterente 44
Schwarzhalstaucher 18
Schwarzkopfmöwe 108
Seeregenpfeifer 72
Seidenreiher 26
Sichelstrandläufer 94
Silbermöwe 104
Silberreiher 26
Singschwan 34
Spießente 50
Steinwälzer 76
Stelzenläufer 98
Sterntaucher 12
Stockente 46
Sturmmöwe 108

Tafelente 50
Teichhuhn 66
Temminckstrandläufer 92
Thorshühnchen 100
Tordalk 122
Trauerente 58
Trauerseeschwalbe 114
Trottellumme 122
Tüpfelsumpfhuhn 64

Uferschnepfe 80

Waldschnepfe 78
Waldwasserläufer 88
Wasserralle 64
Weißbartseeschwalbe 114
Weißflügelseeschwalbe 114
Weißwangengans 40

Zwergdommel 30
Zwerggans 38
Zwergmöwe 110
Zwergsäger 60
Zwergschnepfe 78
Zwergschwan 34
Zwergseeschwalbe 120
Zwergstrandläufer 92
Zwergtaucher 18

Wissenschaftliche Namen

Actitis hypoleucos 86
Alca torda 122
Anas acuta 50
- clypeata 46
- crecca 48
- penelope 44
- platyrhynchos 46
- querquedula 48
- strepera 44
Anser albifrons 38
- anser 36
- brachyrhynchus 38
- erythropus 38
- fabalis 36
Ardea alba 26
- cinerea 24
- purpurea 24
Ardeola ralloides 28
Arenaria interpres 76
Aythia ferina 50
- fuligula 54
- marila 54
- nyroca 52

Botaurus stellaris 30
Branta bernicla 40
- canadensis 42
- leucopsis 40
Bubulcus ibis 28
Bucephala clangula 60

Calidris alpina 94
- canutus 90
- ferruginea 94
- maritima 90
- minuta 92
- temminckii 92
Cepphus grylle 124
Charadrius alexandrinus 72
- dubius 70
- hiaticula 70
Chlidonias hybridus 114
- leucopterus 114
- nigra 114
Clangula hyemalis 56
Crocethia alba 96
Cygnus columbianus bewickii 34
- cygnus 34
- olor 32

Egretta garzetta 26
Eudromias morinellus 72

Fratercula arctica 124
Fulica atra 66
Fulmarus glacialis 20

Gallinago gallinago 78
- media 78
Gallinula chloropus 66
Gavia
- adamsii 14
- arctica 12
- immer 14
- stellata 12
Gelochelidon nilotica 116

Haematopus ostralegus 68
Himantopus himantopus 98

Ixobrychus minutus 30

Larus argentatus 104
- cachinnans 104
- canus 108
- fuscus 102
- glaucoides 106
- hyperboreus 106
- marinus 102
- melanocephalus 108
- minutus 110
- ridibundus 110
Limosa lapponica 82
- limosa 80
Lymnocryptes minimus 78

Melanitta fusca 58
- nigra 58

Mergus albellus 60
- merganser 62
- serrator 62

Netta rufina 52
Numenius arquata 76
- phaeopus 80
Nycticorax nycticorax 28

Phalacrocorax aristotelis 22
- carbo 22
Phalaropus fulicarius 100
- lobatus 100
Philomachus pugnax 96
Platalea leucorodia 32
Pluvialis apricaria 74
- squatarola 74
Podiceps auritus 16
- cristatus 14
- griseigena 16
- nigricollis 18
- ruficollis 18
Porzana porzana 64

Rallus aquaticus 64
Recurvirostra avosetta 98
Rissa tridactyla 112

Scolopax rusticola 78
Somateria mollissima 56
Sterna albifrons 120
- caspia 112
- dougallii 120
- hirundo 118
- paradisaea 118
- sandvicensis 116
Sula bassana 20

Tadorna tadorna 42
Tringa erythropus 84
- glareola 88
- nebularia 86
- ochropus 88
- totanus 82

Uria aalge 122
- lomvia 122

Vanellus vanellus 68

Strandlektüre für Naturfreunde

Michael Lohmann
Pflanzen und Tiere der Küste
mit Faltplan
Biotop-Führer: Merkmale, Standort und
Verbreitung von Pflanzen, Merkmale
und Lebensweise der Tiere; gefährdete
Arten, Schutz der Lebensräume. Mit
Faltplan: die Arten auf einen Blick,
geordnet nach Ähnlichkeit.

Georg Quedens
Strand und Wattenmeer
Tiere und Pflanzen an Nord- und
Ostsee – ein Biotopführer
Erkennungsmerkmale, Verbreitung,
Lebensweise, Nahrung (bei Tieren),
Fortpflanzung, Entwicklungsstadien,
verwandte Arten usw.

Walter Sönning / Claus G. Keidel
**Wolkenbilder,
Wettervorhersage**
Wetterelemente und -geschehen,
Wolkenbilder und Wettererscheinungen;
Interpretation von Wetterkarten, Satellitenfotos und Wetterzeichen; Tips für
Wanderer, Segler und Flieger.

Bent J. Muus / Preben Dahlström
Meeresfische
der Ostsee, der Nordsee, des Atlantiks.
Biologie, Fang, wirtschaftliche Bedeutung
Merkmale, Lebensweise, Vorkommen,
Fang und wirtschaftliche Bedeutung
von 173 Fischarten.

Gert Lindner
**Muscheln und Schnecken
der Weltmeere**
Aussehen, Vorkommen, Systematik.
Mit 1257 Abbildungen, davon 1072 farbig
Schalen und Gehäuse der wichtigsten
Schnecken und Muscheln der Weltmeere: Aussehen, Größe, Vorkommen,
Systematik; Hinweise für das Sammeln
und Aufbewahren.

Einhard Bezzel
BLV Handbuch Vögel
Ornithologisches Wissen auf aktuellem
Stand: alle Brutvögel Mitteleuropas
mit vielen Farbfotos, Farbzeichnungen
und Informationen zu Aussehen,
Lebensweise, Biologie, Verbreitung,
Gefährdung und vielem mehr.

Im BLV Verlag finden Sie Bücher zu folgenden Themen: Garten und Zimmerpflanzen • Wohnen und Gestalten • Natur • Heimtiere • Jagd • Angeln • Pferde und Reiten • Sport und Fitneß • Tauchen • Reise • Wandern, Alpinismus, Abenteuer • Essen und Trinken • Gesundheit und Wohlbefinden

Wenn Sie ausführliche Informationen wünschen, schreiben Sie bitte an:
BLV Verlagsgesellschaft mbH • Postfach 40 03 20 • 80703 München
Telefon 089 / 1 27 05-0 • Telefax 089 / 1 27 05-543